당신은
해낼겁니다

김재식 드림

이 한마디가
나를 살렸다

이 한마디가
나를 살렸다

김미경 지음

100번 넘어져도
101번 일으켜 세워준
김미경의 말

21세기북스

PART 2 내 일상을 살린 한마디

PART 3 소중한 관계를 살린 한마디

PART 4 내 꿈을 살린 한마디

만일 나의 한마디로 용기를 얻었다면,

당신은 이미

혼자서도 충분히 일어설 수 있는 사람입니다

프롤로그

우리가 함께 만든
'나를 살린 한마디'

'강사 김미경'에서 '유튜버 김미경'이 된 지 벌써 2년이 흘렀
네요. 물리적 시간은 2년에 불과하지만 저의 28년 강사 인생은
질적인 변화를 겪었답니다.

얼마 전까지만 해도 제 일터는 건물 강당이나 텔레비전 프로
그램이 전부였어요. 누군가 제게 무대 앞에 설 기회를 주지 않으
면 사람들을 만날 기회도 없었지요. 그런데 이제는 매일 24시
간 사람들과 만나요. 마치 일기를 쓰듯 매일 영상을 찍어 유튜
브에 올리고, 전 세계 사람들과 영상으로 만나고 있어요.

소통하는 방식도 달라졌어요. TV에서 강의할 때는 누가 어
디에서 제 이야기를 듣는지, 사람들이 제 메시지를 어떻게 이해
하고 받아들이는지 전혀 알 수가 없었어요. 때로는 허공에 대고
저 혼자 떠드는 느낌이 들기도 했죠. 그런데 지금은 누가 어디

에서 제 영상을 보는지, 제 이야기를 어떻게 생각하는지 실시간
으로 알 수 있어요. 마치 메신저로 대화를 나누듯 전 세계 사람
들과 댓글로 소통하고 있거든요.

　예전에는 사람들이 "〈아침마당〉에서 봤어요"라고 인사를 건
넸어요. 그런데 요즘에는 "유튜브에서 봤어요"라고 인사해요.
이 변화가 무엇을 의미하는지 아세요? 우리 사이의 거리가 한
층 가까워졌다는 걸 뜻해요.

　예전에는 자리를 예약하거나 미리 방송 시간을 알아야 제 강
의를 들을 수 있었잖아요. 그런데 이제는 제가 어디에 있는지
아니까 원할 때 언제든지 놀러 올 수 있어요. 매일 출근 도장 찍
듯 제 영상을 보러 오기도 하고, 어떤 때는 1시간 넘게 여러 편
의 영상과 댓글로 수다를 떨기도 해요. 직접 얼굴을 마주 보는
건 아니지만, 영상을 통해 매일 서로의 일상을 나누면서 마음의
거리를 좁혀나가고 있는 거예요.

　자주 보고 오래 만나는 사이를 우리는 '친구'라고 불러요. 친
구 사이에는 자신의 허물도 내보이고 깊은 고민도 털어놓기 마
련이죠. 제겐 영상에 달린 댓글들이 가까운 친구의 고민 상담처
럼 느껴질 때가 많아요. 남에게 말하기 힘든 아픈 과거를 고백
하는 댓글, 인생을 뒤흔드는 불행을 어떻게 극복해야 할지 물어
보는 댓글들을 마주할 때마다 마치 제가 겪은 일처럼 오랫동안
마음에 담아두고 생각하곤 한답니다.

한번은 미국으로 이민을 떠난 여성이 올린 댓글이 제 마음을 뜨겁게 울렸어요. 한국을 떠나 미국에 살며 너무 힘든 날들을 보내다가 제 영상을 접하고부터 힘을 내며 살고 있다고, 자포자기 심정이었는데 제 이야기에 용기를 내서 뒤늦게 영어도 배우고 사람들과 교류도 시작했다고, 한 번도 직접 얼굴을 마주한 적은 없지만 본인에게는 제가 '엄마' 같은 존재라고 하더군요.

그러면서 마지막에 덧붙인 말이, 주변에 자신처럼 힘들어하는 엄마들이 많은데 제가 잘하고 있다고 한마디만 해주면 숨 쉬고 살 수 있을 것 같다고, 미국에 와서 강의를 해주면 안 되겠냐고 하는 거예요. 만약 여기서 끝이었다면 어떻게 참아볼 만했을 거예요. 그런데 이 댓글 아래에 대댓글로 시드니도 와주세요, 토론토도 와주세요, 라며 각지에서 강의를 요청하는 글들이 연이어 달리더라고요.

결국 제 마음이 크게 움직였고, 3주간 미국, 캐나다, 호주 3개국 13개 도시를 돌며 교민들을 만났어요. 저로선 무척 어려운 선택이었어요. 이미 잡혀 있던 강의도 다 미뤄야 했고, 필요한 비용도 제 주머니에서 꺼내야 했으니까요. 게다가 댓글에선 강의 요청이 쇄도했지만 실제로 강연장에 얼마나 올지 가늠하기 어려웠어요. 사실 댓글만 보고 해외 투어를 결심한 것 자체가 무모한 도전이었죠.

그런데 현장의 반응은 기대를 뛰어넘었어요. 새로운 도시에

도착할 때마다 강연장에 수백 명씩 모여들었어요. 교민들조차 미국에 온 이후 이렇게 많은 한국인이 모인 것은 처음이라고 할 정도였죠. 내 나라말로 이렇게 웃고 울고 감동까지 하니 너무 행복하다는 반응이 줄을 이었어요.

그 순간 깨달았죠. 영상 콘텐츠는 댓글을 포함해야 비로소 완전체가 된다는 걸 말이에요.

그전까지만 해도 영상을 만들어 올리면 그걸로 끝이라고 생각했어요. 댓글은 영상에 대한 피드백 정도로만 여겼죠. 그런데 해외 투어 이후 생각이 완전히 달라졌어요. 시작은 영상이었지만 그 아래 달린 댓글들이 저를 미국으로 이끌었고, 13개 도시에서 현지 교민들과 웃고 울고 마음을 나누면서 비로소 제가 올린 영상이 완성됐음을 느꼈거든요. 제가 올린 영상이 절반이라면, 나머지 절반은 팬들이 달아준 댓글로 채운 거예요.

제 영상을 보러 오는 사람들에게는 뚜렷한 특징이 있어요. 누구보다 자기 인생을 사랑하고 열심히 살기 위해 노력한다는 거예요. 사실 제 영상을 보면 잔소리가 대부분이에요. 그럼에도 구태여 찾아 듣고, 자기 인생에 적용하기 위해 애쓰고, 이후의 변화들을 댓글로 남겨요. 자기 인생에 소홀한 사람들은 결코 할 수 없는 일들이죠. 그러니 댓글이 진할 수밖에요.

어디 이뿐인가요. 다른 사람들이 올린 댓글을 읽으며 공감의 메시지를 올리기도 하고, 자신의 경험담을 들려주기도 하며, 위로와 응원을 해줘요. 고백하건대, 제가 영상으로 올린 이야기들은 저 혼자 생각하고 고민해서 내뱉는 말들이 아니에요. 여러분과 함께 일상의 고민들을 나누며 함께 만들어낸 콘텐츠예요. 제가 한마디를 건네면 여러분이 댓글로 응답하고, 그 댓글에 제가 다시 답을 하며 새로운 이야기가 끊임없이 탄생하고 있는 거죠.

지난 연말, 제가 여러분들에게 부탁한 게 있어요. 김미경TV의 영상 중 '나를 일으켜 세운 한마디'를 뽑아달라고요. 그러자 정말 많은 분들이 다양한 사연들을 올려주셨어요.

"극심한 슬럼프 때문에 자포자기로 살았는데, '5년간 점을 찍으면 화살표가 된다'는 말씀을 듣고 많은 위로를 받았습니다. 앞으로 조바심 내지 않고 저만의 콘텐츠를 만들어가려고 합니다. 깨달음을 주셔서 감사합니다." - 유튜브 아이디 '쑥쌤TV'

"자신감이 없어서 늘 망설이다가 기회를 놓치곤 했는데, '나를 들어 올리면 우주도 들어 올릴 수 있다'는 말씀을 듣고 용기가 생겼습니다. 유튜브대학에도 입학하고 독서 토론 모임에도 참여하고 있어요. 좁기만 했던 제 시야가 계속 확장하고 있는 느낌입니다. 정말 고맙습니다." - 유튜브 아이디 '이쁜나'

이렇게 자기 삶을 바꾼 분들의 이야기를 마주하니 정말 뿌듯하고 행복했죠. 그런데요, 감사 인사는 제 몫이 아닌 것 같아요.

'넌 괜찮은 사람이야'라는 한마디에 무너진 자존감을 회복했다면, 이 말을 해준 사람이 대단한 걸까요, 아니면 이 말에 용기를 낸 사람이 대단한 걸까요?

'당신 잘못이 아니에요'라는 한마디에 죄책감을 극복했다면, 이 말을 해준 사람이 훌륭한 걸까요, 아니면 이 말에 스스로를 치유한 사람이 훌륭한 걸까요?

만약 제 한마디로 용기를 얻었다면 그건 말이 감동적이어서가 아니라, 당신이 혼자서도 충분히 일어설 수 있는 사람이기 때문이에요.

만약 제 한마디로 위로를 받았다면 그건 말이 훌륭해서가 아니라, 당신이 스스로를 살릴 수 있는 힘을 가지고 있었기 때문이에요.

이 책에 실린 '나를 살린 한마디'들은 김미경의 입을 빌렸지만 여러분과 함께 만든 이야기입니다. 수많은 영상과 댓글을 주고받으며 함께 생각하고 함께 고민하고 함께 깨달은 말들이에요. 댓글이 포함돼야 영상이 완성되듯이, 이 책도 여러분의 이야기가 보태져서 비로소 탄생할 수 있었어요. 지면을 빌려 매일 제 영상을 보러 와주시고 댓글로 말 걸어주신 모든 분들에게 감사의 인사를 전하고 싶습니다. 또한 '나를 살린 한마디'를 뽑아주신 모든 구독자분들의 아이디를 이 책에 함께 실었습니다. 여러분과 제가 함께 쓴 책이니까요.

　마지막으로 이 책을 읽는 팁을 알려드릴게요. 한 장 한 장 넘기다가 내 마음을 흔드는 한마디를 발견하면 예쁜 형광펜으로 밑줄을 그어보세요. 그 순간, 그 글은 바로 여러분 자신의 이야기가 될 겁니다. 그리고 삶이 지치고 힘들 때마다 책을 펼쳐 형광펜으로 표시해둔 한마디를 읽어보세요. 이미 여러분 안에 들어 있는 용기와 자신감이 조금씩 커지는 걸 느낄 수 있을 거예요. 저와 여러분이 함께 만든 이 책이 더 많은 분들에게 '나를 살린 한마디'가 될 수 있길 바랍니다.

새로운 봄을 기다리며,

김미경 드림

내 마음을

살 린

한 마 디

시작의 기술

새로운 도전을 앞두고 우리는
늘 이런 고민에 빠져요.

'조금 더 완벽히 준비한 후에 시작해야 하지 않을까?'
'지금 선불리 했다가 실패하지 않을까?'

그런데 이 세상에 완벽한 준비란 없어요.
모든 것이 다 갖춰질 때까지 기다리면
평생 아무것도 시작할 수 없어요.

제가 시작하는 데는 선수예요.
저는 반만 준비되면 그냥 시작해요.
아니요, 어떨 땐 10%만 돼도 해요.
시작을 해야 뭐가 돼도 되거든요.

그러면 시작만 하면 무조건 성공할까요?

아니요. 무수히 실패할 겁니다.

실전에서 실패하고 넘어지기를 반복할 거예요.

그런데 그 과정에서 나머지가 채워져요.

실패를 거듭하는 것이 준비 안 된 나머지를 채우는

최고의 방법이에요.

제 인생의 모든 성공은 이런 무모한 시작들이 만들어냈지요.

그러니 기다리지 마세요.

그냥 시작해도 돼요.

시작하면 당연히 넘어질 겁니다.

그게 너무 힘들어서 다른 길은 없나 찾게 되지만,

제가 살아보니 더 쉬운 길은 없더라고요.

그냥 넘어지고 일어나기를 반복하는 것이

내 꿈에 가까이 가는 거의 유일한 방법입니다.

그러니 망설이지 말고 지금 시작하세요.

 언니의 **따끈따끈 독설** #55
절반 정도만 준비됐다면 일단 시작해요!

두려움 자루

새로운 일을 시작하기 전에
우리는 스스로에게 물어봅니다.
'과연 내가 이 일에 자신이 있나?'

그런데 이건 질문이 틀렸어요.
나에게 던져서는 안 되는 질문이에요.
무언가에 도전할 때,
처음부터 자신 있는 사람이 어디 있겠어요?
누구에게나 새로운 도전은 두렵습니다.

두려움에 관해 사람들이 착각하는 게 있어요.
두려움과 자신감이라는 감정이 선택인 줄 알아요.
'자신 있어!' 하고 자신감을 선택하면 자신감이 생기는 줄 알아요.
그런 선택을 잘하는 사람은 따로 있다고 생각하고요.

그런데 제가 '뭔가 이뤄냈다'는 사람들을 만나면서 깨달은 비밀은

한 명도 빠짐없이 그들도 '두려워했다'는 거예요.

그렇다면 그들은 두려움을 어떻게 처리했을까요?

두려움을 자루에 넣어 어깨에 짊어지고

한 걸음 내딛습니다.

두려움 자루를 그냥 어깨에 툭 걸치고

힘들지만 한 발 한 발 나아가는 거예요.

그런데 이 두려움 자루에는 희망의 비밀이 하나 숨겨져 있습니다.

아주 작은 구멍이 하나 나 있어요.

그래서 지고 걸어가면 갈수록 그 안에 담긴 두려움이

나도 모르는 사이에 조금씩 술술 빠져나가요.

그렇게 걷고 또 걷다가 뒤를 돌아보면요,

나는 어느새 이만큼 걸어왔고, 두려움 자루는 가벼워져 있어요.

그러니 우리 스스로에게

'자신이 있니, 없니?' 묻지 말고

두려움 자루를 지고 그냥 걸어가봐요.

두려움 자루가 너무 커서 어깨에 걸치기도 힘들다면

두려움 자루의 무게를 줄이는 것도 방법입니다.

너무 잘하려는 부담은

내가 지고 갈 수 있는 무게 이상의 짐을 지게 해요.
그러면 한 발도 못 나가요.
그러니 그냥 '해보기만 하자'라는 마음으로
두려움 자루를 가볍게 만들어보세요.

세상의 모든 위대한 사람들은
원래부터 타고난 자신감이 있었던 대단한 사람들이 아니라,
두려움 자루를 지고 첫발을 내디뎌
만 보를 걸었던 매우 평범한 사람들이에요.
자신감은 우리가 선택하는 감정이 아니라,
두려움 자루가 다 비워졌을 때 비로소
더 이상 두렵지 않은 바로 그 마음의 상태인 거예요.

드림머니 #12
사람이 매력적으로 바뀌는 자신감 키우는 법!

"이 한마디가 나를 살렸다!"

**"사람은 누구나 다 두려움 자루가 있어요.
두려움이란 감정이 없는 사람이 어디 있어요."**

40년을 사는 동안, 누구도 알려주지 않은 말. 항상 나를 괴롭히던 '자신 없어' 병이 한순간에 낫는 것 같았다. 그날 이후로 '실수할 수도 있지. 처음부터 잘하는 사람이 어디 있어'라고 생각하며 한 걸음씩 나아갔다. 두려움이 밀려올 땐 '다들 두려워해. 두려운 게 당연한 거야. 안 그런 것처럼 보이려고 노력하는 거지'라고 되뇌며 당당하게 맞섰다. 그렇게 보낸 1년이라는 시간, 매일 조금씩 성장하는 나를 마주하게 되었다.

나는 오늘도 나답게 살기 위해 노력하고 있다. 작지만 내 일을 하고 있는 내가 자랑스럽고 좋다. 나의 부족함이 드러날까 봐 움츠리거나 숨지 않는다. 부족함을 채우기 위해 꾸준히 배우고, 내가 할 수 있는 것과 못하는 것을 분명히 이야기한다. 할 수 있다는 생각이 드는 순간 주저하지 않고 추진한다. 두려움은 나의 동행자이다. 언제까지 함께할지 모르지만 확실한 건 두려움이 빠져나간 자리는 자신감으로 채워진다.

내 아이가 주저할 때 나는 당당하게 말해줄 수 있다. "고민만 하지 말고 그냥 해봐. 처음부터 잘할 순 없지만, 두려움을 딛고 꾸준히 나아가다 보면 자신감 넘치는 너를 만나게 될 거야. 엄마도 그랬거든. 멈추지 말고 해나가니까 결국 되더라."

– kyunghee Lee 님

가끔은 내 등을 봐주세요

'나 이제 50대 초반인데 평생
아픈 몸을 데리고 이렇게 살아야 되는 걸까?'
여러분도 가끔 이런 생각을 할 거예요.
정신없이 바쁘게 살다가 갑자기 내 몸이
더 이상은 힘들다고 신호를 보낼 때가 있잖아요.

저는 그때 굳은 결심을 하고 헬스클럽을 찾아갔어요.
운동을 시작하는 첫날,
제가 가장 먼저 한 일이 뭔지 아세요?
바로 제 모습을 사진으로 찍은 거예요.
코치님 말씀이, 운동하는 동안 제 모습을 사진으로 남겨두면
나중에 변화된 모습을 확인하는 재미가 있을 거라고 해서요.

그런데 그날 사진을 찍고 정말 깜짝 놀랐어요.
제 뒷모습이 그렇게 생겼는지 처음 알았거든요.
위로 부풀어 오른 어깨,

그 어깨에 파묻혀 보이지 않는 목,

살이 비죽 튀어나온 옆구리,

그뿐이었으면 다행이게요.

등은 어찌나 굽어 있던지.

내 모습인데도 단 1초도 보기 싫을 정도로 끔찍했어요.

그 모습을 50 평생 모르고 살았어요.

앞모습은 매일 거울로 보잖아요.

많이 보고 자주 보니 익숙하고요.

외출 전 화장하고 옷매무새 다듬고

그럭저럭 꾸며서 정돈된 모습만 보니까

내가 멀쩡한 줄 알았어요. 괜찮은 줄 알았어요.

그런데 사진 속에 굽은 등을 가진

나이 든 여자 한 명이 오도카니 서 있더군요.

그리고 그 굽은 등 위에 올려진 것들을 보니

눈물이 절로 흘러내렸습니다.

20대부터 지금까지 30년 내내

아이 셋 키우며 돈 버느라 고생한 나,

밤새워 공부하느라 부단히 애쓰던 나,

돈 잃고 사람도 잃고 죽을 것처럼 괴로워하던 나,
그렇게 크고 작은 인생의 짐들이
내 등 위에 무겁게 올라앉아 있더라고요.

그래서 그날 스스로에게 이런 말을 건네주었어요.
'미경아, 너 너무 가엾게 살았구나.
그동안 정말 힘들었구나.
정말 애썼다. 진짜 고생했어.'

그날 이후 저는 하루도 빠짐없이 운동을 했어요.
그동안 고생만 한 제 몸에 활력을 불어넣고 싶었거든요.
지금까지 돌보지 않은 나를 치유하고 싶었거든요.

그렇게 몇 달이 지나니까 몸무게도 줄고
온몸의 통증들도 거의 다 사라졌어요.
굽어 있던 등도 다시 20대 시절로 돌아갔고요.

저는 요즘 사람들을 만나면
등 사진을 꼭 찍어보라고 권해요.
한 번도 정면으로 보지 못했던 그곳에 눈길을 줘보라고요.

그러면 그동안 방치했던 나의 진짜 삶이 보여요.
굽은 내 등이, 인생의 온갖 짐을 짊어졌던 내 어깨가,
삶의 고통에 짓눌린 가엾은 진짜 내가 보일 거예요.

우리, 지금부터라도 자신의 등을 위로해주면서 살아요.
고생으로 뭉치고 굽은 등을 풀어주면서 살아요.
두 팔로 내 뒷모습을 따뜻하게 안아주자고요.
나를 치유할 수 있는 사람은 오직 나 자신입니다.

김미경의 있잖아 #154
가끔은 등을 봐주세요

걱정을 절반으로 줄이는 법

사람들은 살다가 무섭고 힘든 일이 생기면
그걸 해소하기 위해 걱정을 시작해요.
걱정은 인간의 본능이니까요.

그런데 걱정할 일이 생기면 어떤 줄 아세요?
일단 집 밖을 안 나와요.
이불 속에 있어야 하고요,
입은 옷도 허술해야 돼요.
머리카락도 잔뜩 짓눌려 있어야 하죠.
마치 온돌방에 메주를 띄우듯
따뜻한 이불 안에 나를 집어넣고 걱정을 띄우는 거예요.
걱정이 그다음 걱정을 불러 모으게
스스로 최적의 환경을 만드는 거죠.

그런데 사실 걱정의 실체는
정제되지 않은 자잘한 잡생각에 가까워요.

앞뒤 순서도 없고, 논리와도 거리가 멀죠.
그래서 일단 걱정을 시작하면
아직 오지도 않은 미래를 미리 걱정하고,
이미 지나간 과거로 넘어가서 방황하기도 해요.

그 결과,
1g짜리 무게에 불과했던 걱정이
무려 1kg짜리가 되어서
나를 이불 속에서 못 나오게 꾹 짓눌러버려요.

이럴 때 제가 쓰는 방법이 있어요.
무조건 자리에서 벌떡 일어나는 거예요.
샤워하고, 머리 감고, 깨끗하게 옷 갈아입고,
책상에 커피 놓고 앉거나
예쁘게 꾸미고 집 밖으로 나가요.

그러면 정말 신기하게도
지금껏 뭘 걱정했는지 기억이 안 날 정도로
걱정의 절반 정도가 순식간에 사라져요.
거리의 풍경을 보고, 맛있는 음식을 먹고,
새로운 환경을 오감으로 느끼는 사이

드디어 내 머리가 나를 위한 솔루션을 찾기 시작해요.

걱정도 습관입니다.
자고 일어나면 잠옷을 벗듯이
걱정이 생기면 자리에서 일어나 내 몸을 움직여야 해요.
그래야 실체도 없는 걱정이
자기 몸집을 불리는 걸 막을 수 있어요.

이불 덮고 생각하면 걱정이 점점 커지지만,
벌떡 일어나 움직이면 절반으로 줄어듭니다.
걱정 말아요. 이불 밖은 위험하지 않아요.

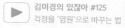 김미경의 있잖아 #125
걱정을 '염원'으로 바꾸는 법

스트레스는 아픔이 아니라
질문이에요

여러분은 평소 형제자매를 몇 번이나 보고 사나요?
대부분은 명절 때나 얼굴 보는 정도일 거예요.
그런데 왜 반가움보다 불편한 마음이 더 앞서는 걸까요?
그건 아마도 그동안 어떻게 살았는지
내 인생의 중간 정산표를 평가받는 기분이 들어서일 거예요.

직장, 연봉, 다이어트, 아이 성적…
다양한 주제로 대화를 나누다 보면
자연스레 비교를 하게 되잖아요.
이 비교가 열등감이나 자책으로 이어지고,
그 결과 스트레스가 쌓여 마음이 아파오는 거죠.

그런데 이렇게 생각해본 적 있나요?
유독 스트레스 받은 그 부분이
혹시 나의 약점은 아닌지 말이에요.

가족이 일부러 나를 공격한 게 아니라,
스스로 내 약점에 속이 상해서 스트레스를 받은 거라고요.

만약 지금 고개를 끄덕이고 있다면
이런 생각도 해보면 어떨까요.
내가 받은 스트레스는
누군가 나의 약점에 대해 질문을 던진 거라고요.
'너 지금 이렇게 살아도 되는 거야?'
이렇게 그동안 애써 무시해온 내 약점을
살짝 들춰낸 거라고 말이에요.

스트레스를 받았다는 건
내가 살아 있다는 증거예요.
속상한 마음이 들었다는 건
더 잘하고 싶은 마음이 있다는 거고요.

그러니 우리 이렇게 생각하기로 해요.
모든 스트레스는 나에게 아픈 질문이라고요.
만약 스트레스가 내 안에 오래 머물러 있다면
그것은 내 몸이 그만큼 더 간절하게
그 문제를 해결하고 싶다는 방증입니다.

MKTV 김미경TV
"이 한마디가 나를 살렸다!"

**"적당한 스트레스는 우리를 끊임없이 성장시켜요.
스트레스가 있다는 건 성장하고 있다는 거예요."**

내가 자극받을 수 있는 상황에 나를 데려다 놓지 않는다면 무자극 상태로 의미 없이 세월만 흘러갈 뿐이다. 사람이 살아감에 있어 적당한 스트레스는 꼭 필요하다고 생각한다.

나 역시 새벽 4시 기상, 새벽 독서, 1일 1독, 주 3회 과제 제출(지금은 1회), 월 2회 새벽 게시글 올리기, 새벽 독서 모임, 발제 토론 중심 독서 모임 참여라는, 나를 자극하고 어쩌면 스트레스를 받을 수도 있는 환경에 일부러 나를 데려다 놓았다. 그리고 그런 환경에 나를 적응시키고자 무던히도 노력했다. 그 결과는 예전과는 다른 나였다. 자극과 적당한 스트레스는 분명 나를 성장시켜주었고, 예전과 다른 나를 만들어주었다.

이제는 어느 정도 스트레스를 즐길 수도 있게 되었다. 그 과정은 분명 힘이 들었고, 앞으로 나아가야 하는 과정은 더 힘이 들 수도 있겠지만, 스트레스를 받되, 나다움으로 스트레스를 이겨내고, 나를 위한 해석을 할 줄 알아야 한다는 사실을 배웠다.

– 조안나 님

초심으로 돌아가지 마세요
- -

일이 잘 풀리지 않을 때,
인간관계에 문제가 생겼을 때,
우리는 입버릇처럼 이렇게 말합니다.

'초심으로 돌아가자.'

그런데 저는 슬럼프가 올 때마다
단 한 번도 초심으로 돌아가고 싶지 않았어요.
왜냐하면 지금의 내 마음이
언제나 초심보다 훨씬 나았거든요.

신혼 시절 제 초심은
'열심히 살아야지', '사랑하며 살아야지' 이 정도였어요.
수십 년이 지난 지금은 어떤 줄 아세요?
서로의 부족한 부분을 이해하고 용서하는 마음이 생겼어요.
마음처럼 안 되는 일은 내려놓고 포기할 줄도 알게 됐죠.

지금의 내 마음이 과거의 초심보다 더 넓고 성숙해진 거예요.

강사로서의 초심은 어땠냐고요?
지금에야 하는 말이지만, 진짜 별로였어요.
사실 많이 혼났어야 하는 초심이었죠.
실력도 안 되는데 수준 높은 강의가 하고 싶었고,
돈 벌고 싶은 욕심에 무리수가 많은 강연을 하기도 했어요.
그때 저의 초심엔 유치함, 자만, 오기, 이런 것들이 많았던 거예요.

초심도 소중한 내 마음이에요.
'아무것도 모르지만 무조건 잘해보자.'
이 말에서 때 묻지 않은 순수함이 느껴지지 않나요?
결혼에 대한 첫 번째 마음,
직업에 대한 첫 번째 마음,
살면서 잊지 말아야 할 나만의 순정이랍니다.

하지만 인생을 뒤흔드는 문제가 생겼을 때는
과거의 초심이 아니라,
지금의 성장한 마음에게
답을 물어야 해요.
결혼 생활이 잘 풀리지 않을 때

'무조건 잘해보자'고 다짐했던 신혼의 초심이 아니라,
상대의 부족함까지 품을 줄 알게 된
어제까지 성장한 내 마음이
나와 대화할 자격이 있는 거예요.

지금 나에게 생긴 문제는요.
지금 내 마음에게 물어봐야 해요.
초심으로 돌아가지도 않을 거면서
자꾸 초심에게 말 걸지 마세요.
어제까지 성장한 내 마음이
더 좋은 답을 해줄 거예요.

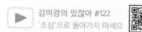

김미경의 있잖아 #122
'초심'으로 돌아가지 마세요

어른의 기준

"제가 아빠 닮아서 좀 욱하는 게 있어요."
"제가 엄마 닮아서 성격이 좀 까칠해요."
혹시 이런 말 해본 적 있나요?
누군가 나의 단점을 지적할 때 부모님 핑계 대는 거 말이에요.

저는 다정한 우리 아버지를 참 좋아해요.
하지만 가끔씩 맥락 없이 쏘아붙이듯 말하거나
주위 사람들에게 큰소리로 무안을 줄 때가 있어요.
오죽하면 아버지 별명이 '뺑벌'이었겠어요.
그만큼 아프게 쏘는 말이었다는 거죠.

어릴 때부터 그 모습이 얼마나 싫었는지 몰라요.
그런데 언젠가부터 저도 우리 아버지처럼
주위 사람들에게 톡 쏘는 말을 하고 있더라고요.

처음에는 아버지 탓을 했어요.

어릴 때부터 아버지의 그런 모습을 보고 자라서
내가 이렇게 된 거라고요.
하지만 얼마 지나지 않아 깨달았습니다.
내 몸이 잘못한 행동은 온전히 내 문제라는 것을요.

태어난 지 얼마 안 돼서 모든 것이 처음일 때는
주위 사람들의 말과 행동을 스펀지처럼 빨아들입니다.
부모님의 말과 행동을 그대로 따라 하는 건
어찌 보면 너무나 당연한 결과예요.
무엇이 옳고 그른지 스스로 판단하지 못하는 시기에는
부모님 탓을 해도 괜찮습니다.

하지만 성인이 되면 안 괜찮아요.
내 삶의 주도권이 나에게로 넘어온 이후에는
내 행동의 모든 책임은 나에게 있어요.
잘못된 행동인 걸 알면서도 계속 반복하고 있다면
그건 부모님 때문이 아니라 나 때문이에요.
그걸 끊어내지 못한 내 문제라고요.

경제적으로 독립했다고
저절로 어른이 되는 게 아니에요.

잘못된 부모의 모습을 끊어낼 수 있어야
비로소 진정한 어른이 될 수 있습니다.

▶ **언니의 독한 상담소**
부모에게 받은 상처 극복하고 싶다면?

마음 계산법

자존심과 자존감의 차이를 아시나요?

"제가 진짜 자존심이 세거든요"라고 말할 때와
"나는 자존감이 참 높아요"라고 말할 때,
마음가짐이 확 달라지는 게 느껴지시나요?

일단, 자존심이 센 사람과
자존감이 강한 사람은
마음 계산법이 달라요.

자존심이 센 사람은 관계에 문제가 생기면
그동안 상대로부터 받은 호의는 잊고
지금 당장 서운한 감정만 생각해요.
섭섭함의 계산기를 두드리는 거예요.

여기서 끝나면 다행이게요?

자존심이 센 사람은 섭섭함이란 감정에 곱하기를 해요.
상대방이 얼마나 예의 없게 행동했고,
그래서 내가 얼마나 서럽고 억울한지만 떠올려요.
섭섭함을 두 배, 세 배로 부풀리는 계산을 하는 거예요.

반면 자존감이 높은 사람은
비록 지금 섭섭한 일을 겪었다 해도
과거에 상대방이 나에게 베푼 것들을 먼저 생각해요.
'예전에 그 사람이 나한테 이런 도움을 줬었지.'
'그 사람이 원래는 마음이 따뜻한 사람이야.'
이렇게 고마움의 계산기를 두드리죠.
과거의 고마움을 현재로 가져와서
당장의 섭섭함을 날려버리는 거예요.

둘 사이의 마음 계산법은 왜 다른 걸까요?
그건 마음 평수가 달라서예요.

자존심이 센 사람은 마음 공간이 너무 작아서
자기 마음만 들어갈 수 있어요.
다른 마음이 들어오면 내 마음이 무너질까 봐 무섭고,
다른 마음을 받아들이면 나를 우습게 여길까 봐 두려워해요.

상대방이 미안하다고 사과하면 그 마음을 받아들여야 하는데,
마음 평수가 좁으니까 그 마음을 밀어낼 수밖에요.

어르신들이 자주 하는 말이 있죠.
"내가 자존심 하나로 버텨온 인생이야."
이 말인즉슨,
'나는 마음 평수가 좁으니까 아무도 들어오지 마.'
이런 뜻이에요.
내 생각, 내 마음을 지키는 것만도 힘드니까
다른 사람을 밀어내고 스스로 고립을 선택하는 거죠.

반대로 자존감이 강한 사람은
마음 평수가 엄청 넓어요.
몇 명이 들어와도 여유가 있어요.
나보다 약한 사람, 부족한 사람 모두를 끌어안고
더불어 공존하는 마음으로 살아요.
마음 평수가 넓으니까
나와 다른 생각, 나와 다른 마음이 들어와도
갈등 없이 다양한 가치와 함께할 수 있는 거예요.

혹시 요즘 섭섭한 관계가 많아 고민인가요?

그렇다면 상대를 탓하기 전에

내 마음 계산법을 먼저 들여다보면 어떨까요?

 인간관계 대화법 #20
나와 소중한 사람의 관계를 오랫동안 지켜주는 자존감 계산법!

현재를 바꾸고 싶다면

인생을 살다 보면 결코 되돌릴 수 없는
결정적 선택들이 있어요.
직장이나 직업은 마음에 안 들면 언제든 바꿀 수 있잖아요.
그런데 결혼을 할까 말까, 한다면 누구와 할까.
아이를 낳을까 말까, 낳는다면 몇 명을 낳을까.
이런 선택은 한번 결정하면 뒤집을 수가 없어요.

그런데 인생을 바꾸는 결정적 선택을
우리는 대부분 철없을 때 해요.
서른 이전에 결혼을 하고 아이를 낳아 키워요.
그러니 당시에는 최선의 결정이었다고 해도
시간이 흐르면 후회가 생길 수밖에 없어요.

제가 살아보니 결혼은 50 이후에 해야
가장 좋은 선택을 할 수 있겠더라고요.
이제야 내가 어떤 사람인지 알았거든요.

20대의 저는 나 자신도 모르면서 남을 선택했어요.

내가 어떤 삶을 살고 싶은지 생각도 안 해보고

결혼 안에 내 인생을 밀어 넣었어요.

아이를 낳고 '너 이제부터 엄마 해.'

이렇게 한 번도 생각해보지 않은 엄마의 삶을 강요했어요.

그러니 마음에 들 리 있나요.

그때 이런 선택을 했다면 더 좋지 않았을까,

후회의 마음이 드는 게 너무 당연해요.

하지만 한번 내린 결정은 되돌릴 수 없어요.

아무리 간절히 원해도 과거로 돌아가는 건 불가능해요.

지금 우리가 할 수 있는 건

'다른 선택'을 하는 거예요.

저는 그걸 '수정'이라고 불러요.

너무 어린 나이에 결혼과 출산을 결정한 저는

과거의 선택을 후회하는 대신

나 자신을 알기 위해 책을 읽고 공부를 했어요.

지금보다 더 의미 있는 내가 되기 위해

돈 잘 버는 피아노 학원 선생님 대신

돈 못 버는 강사라는 직업을 선택했죠.

과거의 결정에 얽매이지 않고
내가 원하는 방향으로 나아가기 위해
수없이 다른 선택을 하면서
내 삶을 조금씩 수정한 거예요.

저는 지금도 하루하루를 수정 중이에요.
내가 어디에 머물러야 행복할지,
나는 앞으로 어떻게 살고 싶은지,
나에게 매일 물어보면서 제 선택을 수정해나가요.

만약 지금 내 삶이 만족스럽지 않다면
과거에 잘못된 선택을 했기 때문만은 아닐 거예요.
선택 이후에 살아온 나의 하루하루를
내 마음에 맞게 수정하지 않았기 때문일 겁니다.

혹시 과거의 어떤 선택이 후회스러운가요?
그렇다면 나를 위해 수정하는 하루를 살아보세요.
만족스러운 미래는 오늘 나의 수정으로 결정됩니다.

 언니의 따끈따끈 독설 #92
지금 사는 모습이 후회되고 바꾸고 싶을 때

"이 한마디가 나를 살렸다!"

"내 인생 내 마음에 들게 수정해요."

모든 후회가 밀려올 때 내가 할 수 있는 딱 하나! 수정이다. 남 탓하지 않는 것이다. 결국 내 탓이다. 누구를 탓한다고 무언가 바뀌는 건 없다. '나는 나를 사랑하고 있었지. 그래서 잘되기를 바라고 있었잖아. 그런데 왜 자책하고 남 탓만 하고 있지?' 그 시점에서 나는 다시 생각하고 내 삶을 점검하고 돌이켜 보았다.

그래서 나를 위한 하루하루를 살고 버텨내는 중이다. 오늘을 사랑해야 한다. 결국, 우리가 머물 수 있는 날은 오늘밖에 없다. 나도 끊임없이 수정하고 지금도 행복해하는 나를 위해 내 삶을 만들고 있는 중이다.

– 별별엄지STAR FINGERs 님

친구가 너무 부러울 때

"제 친구가 엄청난 부잣집에 시집을 갔어요.
그에 비해 저는 평범한 남자를 만났어요.
그동안 열심히 살았는데 결혼 하나로 이렇게 차이가 나니까
친구가 너무 부럽고 속상해요."

나와 가까운 사람의 행운이 부럽고
자신은 딱하게 느껴진 적,
내 현재가 너무 초라하고 보잘것없어 보여서
기운이 쭉 빠지고 살아갈 힘을 잃어버린 경험,
다들 한 번쯤은 있었을 거예요.

부러우면 지는 거라는데,
매번 지는 느낌이 들어서
속상하고 괴로운 적도 여러 번일 거예요.
남의 행복을 부러워하는 자신이
부끄럽게 여겨질 때도 있었을 거고요.

그런데 부러움은 부끄러운 게 아니에요.

오히려 본능에 가깝죠.

나와 같은 50대인데 30대처럼 젊어 보이는 사람을 만나면

부러운 마음이 드는 게 당연하잖아요.

오히려 남을 부러워하지 않는 게 이상한 거예요.

그만큼 자기 고집과 아집으로 가득 차 있다는 거니까요.

문제는 남을 부러워하는 감정 그 자체가 아니라,

내가 얼마나 부러움의 감정 안에 머물러 있느냐 하는 거예요.

부럽다는 감정은

나도 저 사람처럼 되고 싶다는 착한 소망이에요.

사람은 절대 자신이 관심 없는 건 부러워하지 않아요.

친구의 해외여행은

평소 여행을 동경해온 사람에게만 부러운 일이에요.

여행을 귀찮아하는 집순이에게는 친구의 근황 정도일 뿐이죠.

부러움의 순기능은

내가 원하는 방향으로 나를 밀고 간다는 거예요.

'저 사람처럼 다이어트를 해서 예뻐지고 싶다.'

'저 사람처럼 서재를 만들어서 책을 많이 읽어야지.'

'저 사람처럼 세계 여행을 다니며 글을 쓰고 싶다.'
이렇게 나에게 새로운 목표를 던져주는 거예요.
평소라면 '나중에 하지'라며 미뤄뒀을 일들인데,
부러움의 감정이 들어오면서 '지금 당장 해보자'가 되는 거죠.

그런데 부러움의 감정이 계속 내 안에 머물면
어떻게 되는지 아세요?
나를 부정하고 상대방을 공격하는 악감정으로 변질돼요.
'공부는 무슨. 그때 나도 쟤처럼 외모를 가꿨어야 하는 건데.'
'운동 좀 했다고 살이 빠지냐? 쟤는 원래 날씬했을 거야.'
'월급 모아서 세계 여행을 갔다고? 부모가 부자겠지.'
남의 성공을 부러워만 하고 행동으로 옮기지 않으면
그 부러움의 감정이 내 안에서 곪고 썩어서
자기 비하와 상대를 향한 비난으로 왜곡돼요.

부러운 마음은 정상입니다.
하지만 오래 머무르게 하면 안 돼요.
너무 장시간 방치하면
내 현재가 초라하고 작아집니다.
멀쩡히 땅 위를 걷던 나를
지하 10층으로 몰아넣는 것과 같아요.

그러니 우리 부러운 마음은

10분 이상 허락하지 말기로 해요.

질 때까지 부러워하는 게 진짜 지는 거예요.

 언니의 따끈따끈 독설 #47
엄청 부잣집에 시집간 친구가 부러울 때

MKTV 김미경TV
"이 한마디가 나를 살렸다!"

**"부러움은 앨범에 담아 제자리에 꽂고
얼른 돌아와서 나에게 집중하고 몰입하세요."**

최근 오랜 두 친구가 다투었다며 각각 나에게 전화를 걸어왔다. 서로에 대한
불만을 이야기했지만 그 안에는 부러움과 질투가 섞여 있었다. 그래서인지
김미경TV를 보던 중 "부러움은 앨범에 담아 앨범은 제자리에 꽂고 얼른 돌
아와서 나에게 집중하라, 몰입하라"는 말이 유난히 귀에 박혔다. 그러고는
이런 생각이 들었다. 행복에 대한 비교를 별로 좋아하진 않지만, 누군가 자
신보다 행복해 보일 때 혹여나 '질투심'을 가지게 된다면 그건 오히려 건강
한 감정이라는 생각이 들었다.
정말 치사한 감정은 다른 사람의 '불행'을 보고 '나는 그렇지 않아 다행이야'
라며 본인의 '행복'을 찾는 행위일 것이다. 안도감을 얻으면서 어설픈 위로
를 하지는 않았는지, 적어도 치사하지 않게, 야비하지 않게 살려는 노력. 감
정 소비 또한 건강하게, 그렇게 살자.
　　　　　　　　　　　　　　　　　　－ veggie maman_베지마망 Veggie TV 님

남 보여주려고 살지 말아요

살면서 가장 짐이 되는 마음이 있다면
'내가 이 정도는 해야 되는데'라는 마음 같아요.
남 보기에 부끄럽지 않은 삶,
남이 보면 부러워할 만한 인생을 살고 싶은 마음이요.

고백하자면 저도 이런 마음을
꽤 오랫동안 품고 있었어요.

제 고향은 충청도 증평이에요.
부모님은 시골에서 열심히 일하면서
딸의 4년 학비를 모두 보내셨어요.
그래서 저는 부모님이 고생하신 만큼
제가 잘 풀려야 한다는 생각을 항상 해왔어요.

그런데 그게 제 마음대로 되나요.
이러저러한 상황들 때문에

결혼 후에도 경제적으로 넉넉하지 못했어요.
40대 중반이 돼서야 집을 샀죠.
5남매 중에서도 꽤 늦게 자리를 잡은 거예요.
명절 때 가족들이 모인 자리에서
동생들이 집을 샀다는 말을 들으면
이상하게 마음이 움츠러들더라고요.
제 성적표가 마음에 들지 않았던 거예요.

물론 동생들이 돈을 모으고 집을 살 때
저는 공부를 하고 강사로서 커리어를 쌓았어요.
누구 못지않게 제 인생을 열심히 살아왔어요.
하지만 눈으로 볼 수 있는 게 아니잖아요.
집, 차, 해외여행처럼 사진 한 장으로 보여줄 수 없으니까
자꾸만 구구절절 제 인생을 설명하게 되더라고요.
나중에는 그게 스스로 한심해서 입을 닫게 됐고요.

그동안 내가 믿어온 신념이 남들 사진 한 장에 무너지니까
마음이 한없이 쪼그라들었어요.
내가 이룬 성과들도 무시하게 되었고요.
나에 대한 믿음이 그리 강하지 않았던 거예요.
남에게 받은 상처보다 스스로에게 준 상처가 더 맵고 아프더라고요.

하지만 이제는 알아요.
그때 제가 느낀 자격지심과 부끄러움이
사실은 아무것도 아니라는 걸요.

사람들은 자기 인생 사느라 너무 바빠서
남에게 관심이 없어요.
남이 나를 보는 건 KTX 타고 논밭 풍경 보는 거랑 똑같은 거예요.
'어, 쟤는 저렇게 사는구나.'
이렇게 풍경처럼 흘깃 보는 거지,
책을 읽듯 자세히 들여다보지 않아요.
보더라도 오래 기억하지도 않고요.

결국 타인의 시선이라는 건 존재하지 않아요.
타인의 시선을 의식하는 나만 존재할 뿐이죠.

그러니 이제 우리 타인의 시선에서 자유로워져요.
그 대신 내가 나를 잘 봐주자고요.
버텨내느라 애썼다고, 오늘도 잘 살아내느라 고생했다고
스스로를 아껴주고 응원해주세요.

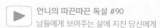
언니의 따끈따끈 독설 #90
남들에게 보여주는 삶에 지친 당신에게

당신 잘못이 아니에요

주변을 보면 자신이 가진 능력보다
스스로를 낮춰 보는 사람들이 있어요.
객관적으로 볼 때 충분히 해낼 수 있는데도
'나는 부족해', '나는 해낼 수 없어' 하면서
자꾸 뒤로 물러서고, 바닥으로 주저앉아버리곤 하죠.

자신의 능력을 제대로 파악하지 못하고
자신의 위치를 똑바로 보지 못한다면
그건 우울증일 확률이 높아요.
'타인에 의해 생긴 우울증' 말이에요.

직장에서든 집에서든 누군가로부터
"너는 그 정도밖에 안 되는 사람이야"
이렇게 부정적인 말을 지속적으로 듣다 보면,
내 가치를 제대로 보지 못하고
스스로를 바닥으로 끌어내리게 돼요.

"네가 본다고 뭘 아냐?"
"돈 주면 너 혼자 여행은 갈 수 있고?"
못된 남편이 매일 나를 깎아내리는 말을 반복해서 들으면
나도 모르게 그 말이 정말 내 모습이 돼요.

"너 할 줄 아는 게 있긴 하냐?"
"이따위로 일할 거면 당장 그만둬."
나쁜 직장 상사에게 매일 나를 업신여기는 말을 들으면
'나는 이 정도밖에 안 되는 사람이구나' 하면서
매사 자신 없고 주눅 든 모습으로 살게 돼요.

만약 내 주변에 나를 폭력적으로 끌어내리는 사람이 있다면
반드시 그 사람과 싸워야 합니다.
그냥 말다툼 정도가 아니라 죽기 살기로 싸워야 해요.
싸우지 않고 방치하면
내가 얼마나 괜찮은 사람인지 나조차도 잊어버리게 돼요.
상대가 강하다는 이유로 싸움을 회피하면
타인이 편집한 조작된 내 모습에서 결코 빠져나올 수 없어요.

나를 작고 초라하게 만드는 자존감 학대는
관계의 문제가 아니라 생존의 문제예요.

관계를 지키려고 생존을 포기하는 것처럼
어리석은 행동이 없습니다.
참지 말고 싸워요. 나의 생존을 위해 끝까지 싸워요.

당신은 아무 잘못이 없어요.

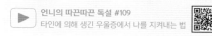
언니의 따끈따끈 독설 #109
타인에 의해 생긴 우울증에서 나를 지켜내는 법

세상의 모든 김지영을 응원하며

영화 〈82년생 김지영〉을 보면서
많은 분들이 공감의 눈물을 흘렸을 것 같아요.
저는 50년 넘게 산전수전 공중전까지 겪으며
모든 눈물을 쏟아내서 그런 걸까요,
영화를 보며 펑펑 울진 않았어요.
대신 주인공 김지영을 보면서
'나를 사랑하는 방법'에 대해 생각했어요.

사람이 아이를 낳고 키우는 건 자연스러운 일이에요.
하지만 아이를 낳고 모성애가 생겼다고 해서
기존의 자기애가 사라져야 한다는 건 부자연스러워요.
그렇지만 우리 사회는 여전히 보수적인 생각을 강요하고 있어요.
엄마에게 자기애는 불필요하다고 말이에요.

"나도 나가서 커피 마시고 싶고, 책도 읽고 싶어.
나가서 일도 하고 싶고, 사람들한테 인정받고 싶어.

'엄마여자'말고 '어른여자'로 살고 싶어!"
김지영의 이 외침에 모든 여자들이 고개를 끄덕거렸어요.
하지만 우리 사회는 고개를 가로저으며 이렇게 꾸짖죠.
"넌 왜 그렇게 이기적이니?"라고요.

제가 아이를 낳고 키우던 시절에도 그랬는데,
30년이 지난 지금도 제 눈에는 아직 아이 같은 82년생이
똑같은 고통을 겪고 똑같이 외친다는 게 꽤 큰 충격이었어요.

이 세상의 모든 엄마는
자녀를 사랑하는 모성애와 자신을 사랑하는 자기애를
동시에 가지고 있어요.
모성애와 자기애는 둘 중 하나가 사라져야 하는
제로섬 관계가 아니에요.
하나로 연결된 공존의 관계예요.

어떤 사람은 전업주부로 살며 아이를 키우는 것이
자기다운 모성애이자 자기애일 수 있어요.
또 어떤 사람은 밖에 나가서 자기 성취를 이루는 삶이
아이도 사랑하고 자기 자신도 사랑하는 방법일 수 있어요.
저마다 사랑하는 방식이 다를 뿐

나와 아이를 사랑하는 마음은 똑같아요.

이걸 모르면 영화 속 김지영처럼 죄책감에 시달리고
심각해지면 우울증까지 앓게 되는 거예요.
저는 여전히 왜 그토록 많은 여성들이 이렇게 오랫동안
모성애를 강요받아야 하는 건지 도무지 이해할 수 없어요.

만약 엄마에게 모성애가 전부라면
자녀에게도 효심이 전부여야 하지 않나요?
모든 엄마가 커리어를 포기하고 집에서 자녀만 돌봐야 한다면,
그게 우리 사회가 말하는 아름다운 모성애라면,
자녀도 1등 성적표를 들고 와야 아름다운 효심이죠.

그런데 이거 아니잖아요.
자녀에게 무조건 1등을 강요하는 것이 폭력이듯이
엄마에게 무조건 모성애를 강요하는 것도 폭력 아닌가요?

다행스럽게도 영화 속 김지영은
스스로를 사랑하는 방법을 찾아냅니다.
노트북을 켜고 자기 이름을 걸고 글을 쓰죠.
'엄마여자'말고 '어른여자'로 살기 위해서요.

이 세상 모든 사람이 얻은 첫 번째 신분은 나 자신입니다.

엄마는 두 번째 신분이에요.

두 번째 신분은 결코 첫 번째 신분을 대체할 수 없습니다.

우리 모두 각자의 방법으로 나를 사랑하는 인생을 살아가요.

이 땅의 모든 김지영을 응원합니다.

 미경 언니의 따끈따끈 독설
82년생 김지영을 보고 울지 않았던 이유!

MKTV 김미경TV

"이 한마디가 나를 살렸다!"

"자신을 사랑하는 방법을 놓친 채로 24시간 동안 방치되면 어른도 정신적으로 문제가 생겨요. 장소가 바뀌든 신분이 바뀌든, 여자에서 엄마가 되든 엄마에서 할머니가 되든, 자신을 사랑하는 방법을 찾기 위해선 내가 아닌 타인(남편, 가족들)에게 말하고 나 스스로 나를 살리려는 노력을 적극적으로 해야 합니다."

내가 나를 가장 아끼고 사랑할 때 내 삶이 행복하고 의미 있어질 것이다. 올해가 며칠 안 남았지만 어떻게 살아갈 것인지 생각하고, 내년에는 내가 좋아하는 독서, 여행을 열심히 하며 나를 더 사랑해주면서 살아가야겠다.

— 권아우라 님

책임이 버거울 때

생각보다 많은 사람들이
가족에 대한 책임을 감당하며 살아갑니다.
부모님 생활비를 혼자 부담하는 사람들이 수두룩하고요,
친정 부모님과 시부모님 병원비까지 내느라
등골이 휘는 며느리들도 숱하게 봤어요.
생활력 없는 형제자매를 건사하는 이들도 적지 않게 봅니다.
참으로 힘겹고, 눈물 나고, 때론 억울하기도 할 거예요.

자기 영역을 벗어나는 책임까지 지고 살아가는 모든 분들에게
이 말을 꼭 해드리고 싶어요.
그렇게 힘든데 어떻게 지금껏 살아냈냐고,
참 애썼다고,
정말 고생 많았다고요.

저도 생계 부양자로서의 고됨을 누구보다 잘 알아요.
제가 매달 월급처럼 돈을 보내거나

경제적으로 책임져야 하는 사람이 30명 가까이 돼요.
강의는 저의 꿈 이전에 생계의 수단인 거죠.

그러다 보니 가끔씩 너무 지치고
슬픔이 밀려올 때가 있어요.
그런데 생각해보면
나에게 주어진 이 운명 덕분에
내가 지금껏 이렇게 잘 살아가고 있구나 싶어요.
아등바등 책임을 다하며 살려는 노력이
지금의 저를 성장시킨 동력이었던 거죠.

내 몫이 아닌 것 같은 책임까지도
온전히 끌어안고 살면서
참 많이 울기도 하고 힘들기도 했지만
그 덕분에 내가 더 큰 사람이 되었구나.
내가 더 나은 나로 완성될 수 있었구나 싶어요.
어쩔 수 없이 나에게 다가온 운명을 기꺼이 사랑하는 것도
내가 살아가는 하나의 방법이었구나 싶고요.

마음에 들든 아니든
반드시 살아내야 하는 나의 현실이잖아요.

그러니 우리 불행이라고 생각하지 않기로 해요.
나의 완성을 위한 불쏘시개라고 생각하자고요.
그게 나 자신을, 그리고 내 삶을 사랑하는
가장 현명한 방법입니다.

 언니의 따끈따끈 독설 #45
내 것 아닌 책임으로 힘겨운 이들에게

'행복'보다 '의미'

좋은 삶의 기준은 무엇일까요?
많은 사람들이 '행복'을 떠올릴 거예요.
'너는 성공하려고 태어난 사람이야'
이 말은 쉽게 동의하기 어렵지만,
'너는 행복하려고 태어난 사람이야'
이 말에는 왠지 고개를 끄덕이게 되잖아요.

그런데 저는 행복도 아니라고 생각해요.
행복이 궁극적인 삶의 목표라고 하기에는
설명하기 어려운 자발적 불행이 너무 많거든요.

아이를 낳고 키우는 건 힘들고 고통스러운 일이에요.
그럼에도 많은 여성들이 기꺼이 이 힘듦을 선택해요.
첫째를 낳고 키우면서 죽을 만큼 고생하고도
또다시 둘째와 셋째를 낳고 싶다는 생각을 하는 거예요.

저에게 책을 쓴다는 건 괴롭고 힘든 일이에요.
한 줄 쓰고 좌절하고, 두 줄 쓰고 불행 근처까지 갔다 와요.
'내가 어쩌자고 이 힘든 걸 또 시작했을까.'
책을 쓸 때마다 내가 나를 쥐어박아요.
그런데 일정 시간이 지나면 '이번엔 어떤 책을 쓸까?'
이런 생각으로 즐거워하는 제 자신을 발견해요.

분명 불행할 걸 알면서도 그 선택을 하는 이유는 뭘까요?
우리는 행복하기 위해 사는 게 아니라,
의미 있는 존재로 살고 싶기 때문이에요.

인생을 살다 보면 다양한 감정을 느끼게 돼요.
그 안에는 행복이나 기쁨만 있는 게 아니에요.
불행, 슬픔, 인내, 괴로움 같은 것도 함께 있어요.
이 모든 감정을 다 합쳐서 내 인생이에요.
이 모든 감정을 내 삶에 끌어안아야
비로소 내 인생의 의미를 발견할 수 있어요.

행복이라는 단 하나의 감정에 내 인생을 묶어버리면
행복하지 않을 때의 내 삶은 공허하고 비루해져요.
하지만 좋은 삶의 기준을 의미로 규정하면

행복에도 의미가 있고, 불행에도 의미가 생겨요.

출산의 고통을 잊을 만큼 아이 때문에 행복하고,
책을 쓸 때의 괴로움을 잊을 정도로 책 쓰는 과정이 즐거워요.
행복과 불행이라는 대립되는 감정이 공존할 때
우리는 비로소 내 삶의 의미를 만날 수 있어요.

살면서 내 삶이 불행하다고 느껴질 때
'나 지금 잘 살고 있는 걸까?'
이렇게 묻지 말아요.
'나 지금 의미 있게 사는 걸까?'
이렇게 물어봐주세요.

질문이 달라지면 답이 달라집니다.

 유튜브대학 위너세션
다른 사람의 기준에 휘둘리지 않고 내 삶을 더 높게 멀리 보는 법

세상에서 제일 무거운 것

집 밖을 나서기 싫을 정도로 날씨가 궂은 날도 있고,
일거리가 잔뜩 쌓여서 발이 안 떨어질 때도 있잖아요.
그런데 강연장에 가보면 항상 수백 명이 와 있어요.
눈이 오나 비가 오나 바람이 부나
강연장은 늘 수많은 사람들로 북적거립니다.

처음엔 이 많은 사람들이 나를 보러 왔구나,
속으로 얼마나 야호를 외쳤는지 몰라요.
그런데 현실은 그게 아니더라고요.

저는 웃기는 얘기를 했는데 펑펑 우는 사람이 있는가 하면,
아무 생각 없이 던진 말에 박장대소하며 웃는 사람도 있어요.
무슨 뜻일까요?
저를 보러 온 게 아니라, 자기 자신을 만나러 온 거예요.
제 이야기를 통해 자신을 들여다보는 거라고요.

한번은 장난처럼 이런 질문을 한 적이 있어요.
"무료 강연인데 어떻게 오셨어요?"
유료 강연은 6만 원과의 약속이니까 지키는 게 쉬워요.
그런데 무료 강연은 나와의 약속이어서 쉽게 깰 수 있어요.
궂은 날씨도 아랑곳하지 않고, 산더미처럼 쌓인 일도 미뤄두고
세상에서 가장 무거운 나 자신을 강연장으로 옮겨 놓는 일은
마치 우주를 들어 올리는 일인 거예요.

인생의 모든 터닝 포인트는 내 몸이 움직일 때 생깁니다.
거대한 사건 하나가 아니라,
내 몸이 조금씩 움직이면서 새로운 방향을 만들어내는 거예요.
내 마음을 들어 올려 내가 원하는 곳에 갖다 놓을 수 있다면
이 세상에 이루지 못할 일이 뭐가 있을까요?

자신과의 싸움 중인 모든 분들에게
이 말을 전하고 싶습니다.

'세상에서 제일 무겁고 제일 말 안 듣는 게 나다.
나를 들어 올리면, 우주를 들어 올린다.'

 유튜브대학 입학식 강의 현장 중계
끝없는 스트레스와 크고 작은 실패로 지친 당신을 위한 미경 언니의 뜨거운 위로!

시간을 견디는 힘

"원장님은 힘든 일이 생겼을 때 어떻게 하세요?"

강연장에서 열이면 아홉은 꼭 이 질문을 받아요.
그때마다 저는 이렇게 답을 합니다.
시간의 힘을 믿는다고요.

살다가 감당하지 못할 힘든 일이 생겼을 때,
불행한 사건 때문에 몸과 마음이 괴로울 때,
그 일을 해결하려고 노력하고 애쓰는 건
분명 나 자신이에요.
하지만 내 옆에는 엄청난 응원군이 있답니다.
그건 바로 시간이에요.

아무리 불행한 일도 시간이 지나면
풍선에 바람 빠진 듯 미묘하게 달라져 있어요.
그때는 분하고 억울해서 울컥했는데

시간이 흐를수록 내 마음도 상대의 마음도
조금은 가라앉게 됩니다.
사건 자체는 그대로일지라도
그 사건을 대하는 나의 마음 자세는
분명 그때와는 다른 마음이 된 거죠.

만약 저에게 갑자기 불행한 일이 닥친다면
저는 이렇게 할 겁니다.
잘 먹고, 잘 보고, 잘 읽고,
숨을 잘 쉬는 일에 모든 에너지를 집중할 거예요.

그럼 어떤 일이 벌어지는 줄 아세요?
나의 불행이 밤의 기운과 섞이고 낮의 기운과 섞이고
내 주변 공기와 섞이고 내 주변 사람들과 섞이면서
매일 새로운 모습으로 재탄생합니다.
한 달이 지나고 1년이 흐르면
나의 불행은 지금과 전혀 다른 모습을 하고 있겠죠.

아무리 큰 불행이 찾아와도
내가 숨만 잘 쉬고 있으면,
내가 살아 있기만 해도

시간이 알아서 내 불행을 해결해줍니다.

앞으로 다시는 재기하지 못할 줄 알았는데
밥 잘 먹고 숨 잘 쉬고 있으니까
좋은 사람에게 다시 일하자는 연락이 와요.
이제 내 인생에 연애는 없을 줄 알았는데
잘 자고 잘 쉬면서 살아 있으니까
나를 있는 그대로 사랑해주는 사람을 만나요.
이 모든 게 시간의 힘을 믿었기 때문이에요.

너무 힘들고 불행할 때 우리는 이렇게 말해요.
"숨을 못 쉬겠어요."
"숨이 멎을 것 같아요."
이 말은 곧 '시간을 못 견디겠다'는 말과 동의어예요.
시간을 흘려보내는 게 쉬울 것 같지만
사실은 가장 어려운 일이에요.

그러니 불행한 사건을 겪고도 지난 1개월간
밥 잘 챙겨 먹은 나를 칭찬해주세요.
세상이 무너지는 슬픔을 겪고도 3개월 동안
숨을 잘 쉰 나에게 박수를 쳐주세요.

숨 쉬는 시간이 곧 견디는 시간입니다.
오늘 하루도 잘 견뎌낸 당신에게
응원의 박수를 보냅니다.

 언니의 따끈따끈 독설 #39
힘든 불행을 극복하는 가장 좋은 방법은?

내 일상을
살 린
한 마 디

'하루'라는 작은 그림이 모여
내 인생이 돼요

가까운 친구들이 가끔 저에게
하루를 어떻게 보내느냐고 묻습니다.
아침부터 저녁까지 뭐하는지 말이죠.

저는 일단 6시 전에 일어납니다.
간단히 씻고 옥상 텃밭에 올라가 물을 주지요.
내려와서는 영어 공부를 합니다.
강의가 있는 날은 강의하러 가고
강의가 없는 날엔 옷을 만듭니다.
저녁이 되면 집에 가서
아이들과 대화도 나누고 밥도 해 먹지요.

새삼 제 하루를 돌아보니 두 가지 깨달음이 찾아오더군요.
하나는,
하루 안에 '내가 원하는 게' 다 들어 있다는 겁니다.

심리적 안정을 위한 활동,

내가 가장 좋아하는 취미,

불확실한 미래에 대비하는 공부,

생계를 위해 돈을 버는 일,

가족들과의 시간까지 모두 말이에요.

지난 30년간 매일 이렇게 살았더라고요.

다른 하나는,

'나의 하루를 지내는 자세'와

'나의 일생을 대하는 자세'가 똑같다는 겁니다.

하루가 별거 아닌 것 같죠?

그런데 안 그래요.

오늘 하루가 확대된 게 일생입니다.

내 일생에 필요한 것이 있다면

그건 사실 내 하루 안에도 다 들어가야 돼요.

저는 필요하거나 원하는 게 생기면

그 일을 하루 일정에 끼워 넣는 연습을 합니다.

단순하게 표현하자면,

목돈이 필요하면 강의 일정을 늘리고

여유가 필요하면 새로운 취미 활동을 추가하고
건강을 챙겨야겠다 싶으면 운동 시간을 배치하는 거죠.
일단 하루 24시간 안에 원하는 일을 넣어보고
내가 이걸 정말로 원하는지,
나의 꿈과 어울리는 일인지,
기대만큼 효과가 있는지 실험해보는 거예요.

이렇게 하루 안에 해보고 싶은 일들을
끼워 넣는 연습을 하다 보니까
제가 원하는 것들이 하루 안에 다 들어 있게 되더라고요.
이렇게 하루가 쌓이고 쌓이면
결국 제가 원하는 인생이 되는 거겠지요.

많은 사람들이 하루를 무시합니다.
먼 미래는 엄청나게 고민하면서
오늘 하루는 어영부영 대충 흘려보내요.
사실 인생이라는 큰 그림은
오늘 하루가 차곡차곡 쌓여서 만들어지는 건데 말이에요.

하루의 크기는 결코 작지 않아요.
제가 살아보니 하루는 무한대에 가까워요.

내가 원하는 성공도, 내가 바라는 미래도
그 출발은 오늘 하루입니다.
하루는 24시간이 아니라 내 인생의 축소판이에요.

만약 내 인생에 배치하고 싶은 미래가 있다면
오늘 하루 안에 넣어보세요.
그렇게 매일 내가 원하는 것들로
하루를 충만하게 채워나가다 보면
인생이라는 큰 그림도
내가 원하는 모습으로 만들 수 있을 거예요.

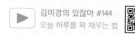 김미경의 있잖아 #144
오늘 하루를 꽉 채우는 법

나를 진짜 믿는다는 것

자신감이 넘치는 사람과
자신감이 부족한 사람은
어떤 차이가 있는 걸까요?

별거 없어요.
그 일을 이미 해봐서 자기가 해낼 수 있다는 걸 알면
자신감이 넘치는 거고,
아직 해보지 않아서 자기 능력을 알지 못하면
자신감이 부족해지는 거예요.
자신감은 능력의 차이가 아니라
경험의 차이라는 거죠.

우리는 정작 나 자신에 대해서는 잘 모르는 것 같아요.
머리로 알고 있는 지식이 내 몸으로 들어올 때
내가 어떻게 반응하고 어떻게 움직일지
스스로 알지 못해요.

그럼 우리가 할 수 있는 건 하나입니다.
머리로만 알고 있는 것은 모르는 것과 같다는 걸 인정하고,
내 몸을 움직여서 직접 판단해보는 거예요.

몸으로 직접 해보다 보면
해내는 나와 익숙해져요.
처음엔 조금 서투르고 부족하지만
점점 잘해내는 나를 발견하게 됩니다.

이렇게 해내는 나와 잘하는 나를 마주하면
'나는 할 수 있구나.'
'나는 잘할 수 있구나.'
이렇게 자신감이 점점 높아져요.

자신감은 무조건 할 수 있다고 우기는 감정이 아니에요.
내가 할 수 있다는 사실, 팩트가 바로 자신감이에요.

내가 해낼 수 있는 것이 많아질수록
자신감의 단계도 높아지게 됩니다.
그러니까 자신감이 넘치는 사람이 되고 싶다면
다양한 것을 시도해보면서

내가 무엇을 할 수 있고 무엇을 잘 못하는지
팩트를 쌓아가면 되는 거예요.

우리 안에는 미처 발견하지 못한
수많은 가능성과 잠재력이 들어 있어요.
내 몸을 부지런히 움직여서 그것을 알아가는 것만이
자신감 넘치는 나,
스스로를 믿는 진짜 인생을 살아가는 방법입니다.

 언니의 따끈따끈 독설 #115
좌절을 딛고 진짜 자신감을 만드는 데 가장 필요한 것

가장 확실한 재테크 방법

사람에게는 시기적으로 돈이 고일 때가 있는가 하면,
잠시 머물렀다가 흘러갈 때도 있어요.

사회생활 초반에는 돈이 머무를 시간이 없어요.
일단 들어오는 돈이 너무 적어요.
결혼하고 아이 낳아 키우는 동안에는
돈이 잠시 지갑을 스치고 가요.
'안녕하세요' 인사만 하고 사라지죠.
그러다가 50대 이후로 접어들면서
돈이 나에게 머무는 시간이 조금씩 길어지기 시작해요.
물론 예외의 경우도 있겠지만
대체로 비슷한 흐름일 거예요.

저도 그랬어요.
40대 중반쯤 한참 강의가 많을 때
주변에서 재테크를 권하더라고요.

여기저기 얼굴을 내비치니
제가 돈을 많이 버는 줄 알았나 봐요.
하지만 불가능한 일이었죠.
겨우 집을 장만한 지 얼마 되지 않아
다른 곳에 투자할 만큼 여윳돈이 없었거든요.

당시 재테크란 말을 들었을 때
이런 생각이 들었어요.
'그거 돈이 있어야 하는 거 아니야?'
'나는 지금 재테크할 타이밍이 아닌데.'
그러고는 하던 일을 계속했어요.
들어오는 강의 열심히 하고,
번 돈으로 의식주 해결하고 아이들 키우고,
그렇게 돈이 저를 스치고 흘러가는 세월이었어요.

그런데 이제 와 생각해보니 알겠더라고요.
그게 바로 재테크였던 거예요.
주어진 일을 열심히 하는 것.
그게 그때의 저에게 가장 적절한 재테크 방법이었던 거예요.
은행에 가서 재무 상담 받고
얼마의 돈을 굴리는 게 재테크가 아니라,

저는 제 자신이 자산이 되도록
열심히 나를 재테크하고 있었던 거예요.

20대에 결혼해서 아이 낳고 키우면서
괜찮은 엄마가 되기 위해 공부하고 노력했어요.
그때의 깨달음이 다양한 메시지로 변주되며
훌륭한 강의 소재가 되어주었답니다.
만약 그때 나 자신을 결혼과 육아에 투자하지 않았다면
많은 엄마들이 공감하는 콘텐츠는 탄생하지 못했을 거예요.

강의를 시작하고 몇 년간은 불러주는 곳이 별로 없었어요.
강의가 한 달에 한두 번 있을까 말까인 때도 비일비재했죠.
하지만 저는 매일 공부하고, 책을 사서 읽고,
강의 콘텐츠를 고민했어요.
그때의 성실함이 작은 불행쯤은 묵묵히 견디며
강사로서의 신념과 정체성을 지키는 힘이 되고 있답니다.
만약 그때 기다리지 못하고 다른 직업으로 갈아탔다면
지금의 강사 김미경은 존재하지 않았을 거예요.

우리는 돈이 없으면 재테크 못 하는 줄 알아요.
그런데 돈이 없어도 가능한 재테크가 있어요.

바로 나의 가치를 높여나가는 거예요.

그러니 돈 많은 사람을 부러워하고 속상해할 필요가 전혀 없어요.

지금부터라도 나라는 자산을 키우기 위해

열심히 공부에 투자하는 것,

가장 확실한 재테크 방법입니다.

 드림머니 #4
모아놓은 돈이 없어도 할 수 있는 재테크 3단계

인생의 방향을 바꾸고 싶을 때

누구보다 열심히 살고 있는데
정작 중요한 일은 놓치고
뭔가 잘못된 방향으로 가고 있다는
느낌이 들 때가 있지 않나요?

'이게 내가 진정 원하는 게 맞아?'
질문할 틈도 없이
당장 눈앞에서 나를 필요로 하는 일에
내 시간을 빼앗기는 게 현실이에요.

저도 절 필요로 하는 일에 많은 시간을 빼앗기며 살았어요.
강의하며 생계를 유지하는 데 나를 썼고요,
아이 셋, 시댁, 친정, 집안 식구들 돌보는 데 나를 썼어요.
회사를 운영하고 있으니 직원들 챙기는 데도 나를 썼지요.
그렇게 날 필요로 하는 곳 여기저기에
내 시간과 에너지를 쏟다 보니

막상 나를 돌볼 여유도 없이 살고 있더라고요.

그렇게 30년을 살고 나니까
문득 이런 생각이 드는 거예요.
'나 이렇게 살면 안 되는데.'
'내가 언제 이렇게 부실해진 거지?'
어느 순간부터 강의를 할 때도
'내가 하는 말이 맞나?'
의심까지 하게 되더라고요.

내 삶이 부실하다는 느낌은
게으르게 살 때만 느끼는 감정이 아니에요.
열심히 살아도 그런 마음이 들 때가 있어요.

자책하거나 당황할 일이 아니에요.
누구나 삶의 방향을 놓칠 때가 있고,
그럴 때는 내가 원하는 방향으로 조율해나가면 돼요.

제가 인생의 방향을 조율하는 방법은 세 가지예요.

먼저 인생의 방향을 놓치고 부실해진 느낌이 들면

그 느낌을 놓치지 말고 꽉 붙들어야 해요.

많은 사람들이 뭔가 일이 잘못됐을 때
자기에 대한 실망과 자책으로
딱 하루 우울해하고 그냥 잊어버려요.
그런 생각을 했는지조차 잊어버리고
다시 예전의 일상으로 돌아가요.
그리고 두 달쯤 뒤에 같은 일을 반복하죠.

뭔가 잘못되고 있다는 느낌이 들 때는
그냥 흘려보내지 말고 꽉 붙들어서
나를 위한 솔루션을 찾아야 해요.

제가 부실한 느낌을 놓치지 않는 방법은
나와 새로운 약속을 하는 거예요.
저는 어릴 때부터 약속을 많이 활용했어요.
최근에는 부실해진 나를 채우기 위해
책을 열심히 읽기로 했죠.
'북드라마'도 사실은 책 소개가 목적이 아니라
제가 책을 읽고 싶어서 시작한 거예요.

그런데 나하고만 약속을 하면 잘 안 지킬 수 있잖아요.
제가 약속을 지켰는지 어겼는지 아무도 모르니까요.

그래서 마지막 방법은
나와의 약속을 공개적으로 선언하는 거예요.
유튜브로 매주 한 권씩 책을 읽겠다고 선언했으니
제가 무슨 수로 그 약속을 어기겠어요.
수많은 분들이 북드라마 영상을 보고 있는데
어떻게 아무 책이나 읽고 소개할 수 있겠어요.
이렇게 약속의 무게가 커져버리면
그 약속을 지키기 위해 애쓰면서
자연스럽게 내가 성장할 수밖에 없어요.

요즘 들어 뭔가 잘못된 방향으로 가고 있다는 느낌이 드나요?
중요한 일을 놓친 채 부실해지고 있는 것 같나요?
그럼 그 느낌을 흘려보내지 말고
나와의 새로운 약속을 통해 꽉 붙들어보세요.
어쩔 수 없이 지킬 수밖에 없는 환경을 만들어서
나와의 약속을 수행하며 스스로를 단련시켜보세요.
그러는 사이 틀어졌던 인생의 방향이
다시 조율되는 느낌이 들 거예요.

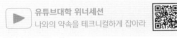

슬럼프를 이겨내고 싶다면

세상의 그 어떤 일도 잠깐만 해서
잘할 수 있게 되는 건 없어요.
시간을 들이지 않으면 능숙해지기 어려워요.

저는 무슨 일을 하든지 5년 계획을 세워요.
5년 길이의 선을 긋는 거예요.
그리고 그 시작점부터 계속 점을 찍어나가요.
계획한 바를 위해 꾸준히 작은 일들을 해나간다는 뜻이에요.

그런데 이 점들이 어떻게 찍히는지 아세요?
앞으로만 전진하지 않아요. 어떤 점들은 뒤로 가요.
때로는 어느 한 주변만 계속 찍어댈 때도 있어요.
우리는 그때를 슬럼프라고 부릅니다.
많은 사람들이 이 순간을 견디지 못하고
그 자리에서 포기해버려요.

그런데 우리가 인생을 살면서 찍은 점들 중에
의미 없는 점은 하나도 없어요.
사실 슬럼프라고 부르는 작은 점들은
같은 곳을 반복해서 찍으면서
굵은 선을 만들고 면적을 넓히는 중이에요.

때로는 불규칙하게, 얇게, 굵게,
간혹 비뚤배뚤 그어진 선조차도
결국에는 나중에 화살표가 되어
인생의 방향을 가리키는 이정표가 됩니다.

그러니 슬럼프나 실패가 와도 포기하지 말고
적어도 5년은 계속 점을 찍어보세요.
일상에서 작은 점들을 찍으며
수많은 선과 면을 만들어보세요.
나만의 방향을 찾는 가장 빠른 방법입니다.

 유튜브대학 위너세션
내 인생의 방향을 확실하게 찾고 싶다면? 점과 선부터 쌓으라고?!

"이 한마디가 나를 살렸다!"

"선이 두꺼워지기 위해서 주변에 점을 찍어대는 걸 슬럼프라고 해요. 그래도 해야 할 일을 하다 보면 다시 앞으로 전진하게 됩니다. 점이 화살표가 되는 데 5년 걸리거든요. 쭉 5년만 공부해봐요. 그럼 말도 못하게 성장해 있을 거예요."

극심한 슬럼프에 시달리고 있었다. 뭔가 열심히 하고 있는 것 같은데 된 게 하나도 없는 것 같은 느낌이 나를 답답하게 했다. 위너세션에 참석했을 때도 자연스럽지 않은 내 모습이 어색해서 미칠 것 같았다. 뭔가 일관성 없이 이 것저것 하겠다고 나대는 게 한심했다.
미경쌤이 말했다. 당연한 거라고. 선이 두꺼워지기 위해서 주변에 점을 찍어대는 걸 슬럼프라고 한다고. 그래도 해야 할 일을 하다 보면 다시 앞으로 전진한다고. 점이 화살표가 되는 데 5년 걸린다고 하셨다. 쭉 5년 공부해보라고. 그럼 말도 못하게 성장해 있을 거라고.
그날이 다시 1월 1일이 되었다. 나는 미경쌤 따라쟁이가 될 거다. 흉내 내다 보면 성장해 있겠지. 지금도 그날의 영상을 종종 돌려 본다.

– 쑥쌤TV 님

시간 관리가 아니라
중요도 관리예요

하루 24시간은 모두에게 공평하게 주어집니다.
하지만 시간을 쓰는 방법은 저마다 다르죠.
어떤 사람은 주어진 시간에 인생을 바꿀 성취를 해내고,
또 어떤 사람은 쓸데없는 일에 시간을 낭비합니다.

두 사람 모두 오늘 하루를 정신없이 바쁘게 보냈어요.
그런데 유독 후자는 시간이 부족하다고 말해요.
이유는 간단합니다.
중요도 관리에 실패했기 때문이에요.

많은 사람들이 원하는 것을 얻기 위해선
시간 관리를 잘해야 한다고 생각해요.
오전 10시까지 이 일을 끝내고,
오후 2시까지 이 일을 끝내고,
오후 6시까지 이 일을 끝내고,

이런 식으로 할 일 목록(To-do list)을 만들어서
부지런히 밑줄을 그어나가요.

하지만 막상 하루가 끝날 즈음엔
아직 못 끝낸 굵직한 일들이 남아 있어요.
처리하기 쉬운 자잘한 일들에 시간을 쓰느라
정작 중요한 일은 뒤로 미뤄뒀기 때문이죠.
시간을 잘못 관리한 게 아니라
중요도 관리를 아예 안 한 거예요.

저는 아침에 일어나면 5분 동안
오늘 반드시 해야 하는 일을 생각해요.
그리고 너무 귀찮고 하기 싫지만
그 일을 출근 전에 처리해버려요.
그러고 나면 나머지 일들을
신경 써서 잘해낼 수 있게 되더라고요.

만약 꼭 해야 할 중요한 일이 있는데
아직도 못 하고 있다면
나의 에너지가 가장 왕성한 시간대에
그 일을 가장 먼저 처리해보세요.

내 앞의 중요한 문제와 용기 있게 대면하세요.

할 일 목록을 지우는 시간 관리는
주어진 업무를 제때 처리하는 것에 불과해요.
중요도 관리에 에너지를 쏟아야
인생의 성취를 이뤄낼 수 있습니다.

드림머니 #20
5년 후 내 모습이 바뀌는 시간 관리 비결!

감정 해우소

직장생활 참 어려워요.
일이 힘들어서, 관계가 삐걱대서
얼굴 붉히는 일이 종종 일어나잖아요.

그럴 때마다 자신의 힘든 감정을
온몸으로 티 내는 사람들이 있어요.
일이 잘 안 풀려서 속상한 감정을
다음 업무에 끌고 와서
회의 내내 화난 표정을 짓는다거나,
다른 일에서 억울했던 감정을
애먼 동료에게 화풀이하는 경우가
왕왕 있더라고요.

그런데 직장생활에서 화를 내면
당장은 속이 시원한 것 같지만
결국에는 후회로 돌아오기 마련이에요.

특히 회의 때나 업무 미팅에서
벌컥 화를 내고 나면
엄청난 후폭풍이 찾아와요.

공개적으로 화를 내면 공개적으로 사과해야 합니다.
화낸 대상에게 화를 낸 만큼,
아니 그보다 몇 배로 사과를 해야 해요.

그러고 보면 화라는 감정만큼 큰 빚이 없는 것 같아요.
그때 왜 화를 냈는지, 왜 불안해하고 안절부절했는지,
그 순간 울고 싶은 표정을 왜 지은 건지
반드시 상대방에게 설명해야 해요.
감정을 드러내서 느낀 시원함보다
설명하기 위해 들이는 노력이 더 커요.
고스란히 갚아야 할 빚으로 돌아오는 거예요.

물론 감정 없이 일해야 한다는 건 아니에요.
다만 감정을 조율할 줄 알아야 한다는 거예요.

직장은 손익 계산이 분명한 곳이에요.
가족끼리 화내면 '미안해' 한마디로 해결할 수 있지만,

직장에서 잘못 화를 내면 일도 망치고 관계도 망치고,
어쩌면 계약이 깨지거나 회사를 옮겨야 할 수도 있어요.
돈으로 환산할 수 없는 엄청난 손해를 감당해야 하는 거예요.

그러니 만약 북받치는 감정을 주체하기 어렵다면
직장 밖에서 감정을 해소할 나만의 해우소를 찾아보세요.
사무실 근처에 나만의 공간을 정해서
감정이 욱할 때마다 찾아가 소리를 지를 수도 있고,
주말마다 친구와 수다를 떨며 감정을 털어낼 수도 있을 거예요.

일을 잘하는 것만큼 감정을 잘 관리하는 것도
직장인이라면 반드시 갖춰야 할 필수 능력입니다.

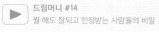
드림머니 #14
뭘 해도 잘되고 인정받는 사람들의 비밀

요즘 자주 듣는 말이 있다면

직장이나 모임에서 자주 듣는 말이 있나요?
혹시 그중에서 두루뭉술하고 애매모호해서
무슨 뜻인지 헷갈리는 말이 있진 않나요?

사람들은 상대방의 부족함을 지적할 때
절대 구체적으로 말하지 않아요.
다들 돌려 말하기 선수들이에요.

업무 능력이 부족하다고 생각되면
'센스 없다'는 말로 에둘러 표현해요.
커뮤니케이션이 부족한 사람에게는
'눈치 없다'는 말로 슬쩍 눈치를 주죠.

혹시 '사업할 체질이다'라는 말을 들어본 적 있나요?
얼핏 들으면 칭찬 같지만 사실 이 말 속에는
'팀워크가 부족하다'는 정확한 피드백이 숨어 있어요.

직장은 여럿이 함께 일하는 곳인데
혼자 독불장군처럼 자기 의견만 고집하면
직장 밖에서 '사업할 체질'일 수밖에요.

탁월한 성공을 이룬 사람들 중 상당수가
타인의 솔직한 피드백에서 기회를 잡았다고 하죠.
하지만 평범한 우리의 일상에선
그 어떤 피드백도 직선으로 오지 않아요.
두세 바퀴 돌고 돌아서 정제된 단어로 와요.

만약 누군가 나에게 솔직한 피드백을 해준다면
그건 술자리일 가능성이 높겠네요.
알코올의 힘을 빌려서 속마음을 꺼내놓는 거죠.
하지만 그 결과는 참혹 그 자체입니다.
독한 말만 남고 관계는 깨지기 마련이니까요.

그 누구도 나에게 솔직한 피드백은 해주지 않아요.
그러니 스스로 세심하게 귀를 기울이고
말의 속뜻을 헤아릴 수 있어야 해요.

그때 그 말이 설마 그 뜻이냐고요?

네, 아마 그 짐작이 맞을 겁니다.

슬픈 예감은 틀린 적이 없으니까요.

 드림머니 #15
센스 있게 직장생활 잘하는 법

내 돈의 진짜 자리

어떤 일이든 잘 알아야 잘할 수 있게 돼요.
그런데 우리는 유독 재테크에 대해서는
잘 몰라도 잘할 수 있을 거라고 생각하는 것 같아요.

어쩌다 은행에 가서 상담을 받는 게
재테크가 아니잖아요.
'요즘 그 종목이 뜬다더라.'
'여기에 투자하면 무조건 2~3배는 번다더라.'
이런 말에 혹해서 거금을 투자했다가
공중분해 되는 경우를 참 많이 봤어요.
재테크 공부를 안 해서 그런 거예요.

최근에 유튜브에서 제가 재테크 관련 책을 소개하거나
금융 전문가를 모시고 대화하는 영상을 보신 적 있을 거예요.
제가 요즘 재테크에 관심이 부쩍 높아졌거든요.
재테크 공부를 하다 보니 이런 생각이 들었어요.

금리나 환율처럼 이론적인 공부도 물론 중요하지만,
재테크의 기본은 내 돈에 대한 존경심이라고요.

사람들은 매일 열심히 일해서 어렵게 돈을 벌지만
막상 번 돈에 대해서는 관심이 없는 것 같아요.
사기 당한 사람들을 가만히 보면
자기 돈에 애정이 없는 경우가 태반이에요.

만약 내 돈에 애정과 존경심이 있었다면
남의 말에 혹해서 거금을 투자하는
어리석은 행동은 안 했을 거예요.
내 돈이 거기에 있어도 괜찮은 건지,
지금이라도 다른 곳으로 옮겨야 하는 건 아닌지,
열심히 발품 팔고 공부해서 내 돈의 진짜 자리를 고민했겠죠.

돈 자체에는 아무런 가치도 의미도 없어요.
돈을 번 목적과 방향이 있을 때
비로소 돈의 콘텐츠가 생겨요.
재테크도 마찬가지예요.
남의 말에 혹해서 투자하는 돈은
의미 없는 화폐에 불과해요.

나만의 가치와 방향을 담아 투자할 때
비로소 돈은 의미 있는 재테크 수단이 됩니다.

내 돈에게 애정과 존경심을 가져보세요.
내가 왜 이 돈을 벌었는지
나만의 목적과 방향을 고민해보세요.
이 두 가지만 잘해도 재테크 전문가가 될 수 있을 거예요.

 드림머니 #4
모아놓은 돈이 없어도 할 수 있는 재테크 3단계

내 꿈의 가격표

여러분은 돈을 얼마나 벌고 싶은가요?
아니, 질문을 바꿔볼게요.
돈의 가치를 어떻게 매기고 있나요?

돈을 벌기 시작하면
반드시 알아야 할 것이 하나 있어요.
어떤 일이든 출발선에 섰을 때
자신의 가격표를 가장 낮은 곳에서 매겨야 한다는 거예요.
나이 들수록 돈을 벌기가 힘든 이유는
자신의 가격표를 중간부터 매기고 가기 때문이에요.

얼마 전, 제 친구가 은퇴 후 강의를 시작했어요.
거리가 먼 지방에서 강연 요청이 자주 왔는데,
강연료가 기대에 미치지 않았던 모양이에요.
그래서 매번 거절했다고 하더군요.
그 이야기를 듣고 단번에 이런 말이 튀어나왔어요.

"넌 돈 벌긴 틀렸어!"

그 친구는 대기업에서 임원으로 퇴직했어요.
당연히 높은 연봉을 받았겠지요.
과거 자신의 위치에서 가격표를 매기니까
강사료가 턱없이 적다고 생각할 수밖에요.
지방까지 가는 건 상상도 못 하는 거예요.

하지만 돈의 가치는 그렇게 매기는 게 아닙니다.
당장 받을 수 있는 돈이 적다고 해서
그 돈에 담긴 꿈의 가치까지 낮게 보면
결코 새로운 꿈을 향해 나아갈 수 없어요.

만약 강사로서 처음 발을 내디뎠다면
쥐꼬리만큼 적은 강사료가 지금 나의 가치인 거예요.
이 간극을 받아들여야 강사로서 새로운 시작을 할 수 있어요.

과거의 영광 따위는 과거에 묻어두세요.
새로운 꿈을 향해 나아가고자 한다면
지금 현재 자신의 위치에서 가장 낮은 가치를 매겨야 해요.
당장 눈앞의 액수가 아니라,

그 돈 안에 담겨 있는 10년 후 가치를 내다볼 줄 알아야 해요.

돈을 우습게 보면, 꿈도 우습게 보게 됩니다.
적은 돈이라도 가치 있게 바라보면
내 꿈의 가치는 몇 배로 커져요.
나이 들어 새로운 꿈을 시작하는 이들에게
꼭 해주고 싶은 잔소리였네요.

 드림머니 #2
적은 돈이라도 돈 안에 담긴 가치를 볼 줄 모르면 절대 성공할 수 없다?!

돈 앞에서 작아진 당신에게

살다 보면 돈 앞에서 한없이 작아지는 때가
수도 없이 생기는 것 같아요.
돈 때문에 주눅 들고
돈 때문에 숨고 싶고
돈 때문에 깊이 절망하는 순간이
자주 나를 찾아와요.

처음 직장생활을 시작했을 때
저에게 50만 원은 너무 큰돈이었어요.
그 돈 때문에 서러움도 당하고 구차한 일도 해야 했어요.
그럼에도 기꺼이 감당할 만큼
저에게는 그 돈이 정말 절실했어요.

강사를 시작하고 얼마 되지 않았을 때
500만 원은 제가 감히 만지기 어려운 돈이었어요.
그 돈을 가진 사람이 너무 부럽고

그 돈이 없는 내가 너무 초라하게 느껴졌어요.

나보다 몸집이 큰돈을 만나면
돈 앞에서 주눅 들고 움츠러들게 돼요.
그런데 시간이 흐를수록
돈보다 내가 더 커지는 순간이 생기더라고요.

이제 50만 원은 저에게 더 이상 큰돈이 아니에요.
지금의 저에게 500만 원은
조금 더 열심히 강의하고 책을 쓰면
얼마든지 벌 수 있는 돈이 됐어요.
이제 저는 5억 원 앞에서도 주눅 들지 않아요.
30년간 돈을 벌면서 그 돈보다 제 몸집이 훨씬 더 커졌거든요.
더 이상 돈 때문에 휘둘리지 않는 내가 된 거예요.

혹시 지금 돈 때문에 너무 힘든가요?
나보다 큰돈 때문에 상처받고 주눅 들어 있나요?
조급해하지 마세요.
돈은 스스로 못 크니까 계속 멈춰 있지만,
나는 매 순간 성장하고 있잖아요.
지금은 내가 돈보다 작아서 어쩔 수 없지만,

조금만 지나면 그 돈보다 내가 더 커지는 때가 분명히 와요.
제 평생의 삶으로 드리는 답이에요.

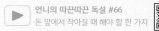 언니의 따끈따끈 독설 #66
돈 앞에서 작아질 때 해야 할 한 가지

MKTV 김미경TV
"이 한마디가 나를 살렸다!"

"공부는 미래를 준비하는 거예요. 돈 없고 서럽고 눈물 날 때 반드시 공부
하세요. 오늘 당장은 찌질하고 별거 아닌데, 사실은 1년 후에 보면 미래를
살고 있는 거거든요. 비참한 오늘을 살지 않는 방법은 미래를 사는 거예요.
나에 대한 용기를 가지세요. 도전을 해봐야 나를 알아갈 용기가 생겨요."

예전의 나는 불안한 생각만 하는 부정적인 사람이었다면, 지금은 긍정적으
로 공부하며 생각으로 끝내지 않고 뭐든지 도전해보는 삶으로 조금씩 바꾸
고 있다. 현재 나는 행복하다. 내 환경은 불과 두 달 전과 바뀐 게 별로 없다.
현재의 행복은 미래를 준비하는 공부를 하며 나에 대한 용기를 내어 도전해
보면서 성공하든 실패하든 무언가를 하고 있는 나를 보는 게 아닐까.

— 이유선 님

책 읽는 실력

"꿈이 뭐예요?"
"하고 싶은 게 뭔가요?"
혹시 이 질문에 선뜻 답하지 못하겠다면
일단 책을 읽으세요.

아무리 생각해도 내가 뭘 하고 싶은지 모른다는 건
내 머릿속에 생각의 재료가 없다는 뜻이에요.
그럴 때는 일단 채워야 합니다.
생각의 재료를 채우는 데 책만큼 좋은 게 없거든요.

일단 책을 읽다 보면 힌트가 하나둘씩 생길 겁니다.
그리고 생각이 발동을 걸기 시작하겠죠.
머릿속에 떠다니는 생각의 재료들이
서로 다양한 조합을 만들고 해체하는 과정에서
내가 원하는 답을 찾아낼 거예요.

뭔가 배우고 싶지만 시간과 돈이 없다고요?
그럼 책을 읽으세요.

책을 읽다 보면 수많은 힌트를 만나게 되는데,
그중 상당수는 새로운 나를 만나는 거예요.
다른 사람의 아픔에 함께 눈물을 흘리며
타인에게 공감하는 나를 만나기도 하고,
누군가의 깨달음에 깊이 몰두하며
평소에는 생각조차 안 해본 일들을 고민하기도 하고,
새로운 도전에 성공한 사람들의 이야기를 읽으며
나만의 새로운 도전을 꿈꾸기도 합니다.

책을 읽는다는 건 곧 나를 만난다는 겁니다.
일상에서는 절대 만나지 못하는
상상력이 풍부한 나, 모험을 즐기는 나를
책을 읽으며 수없이 만나는 거죠.
그 만남이 나의 일상을 풍요롭게 해주고,
때로는 새로운 도전의 시작이 되기도 합니다.

혹시 요즘 외롭거나 자존감이 낮아진 것 같나요?
그렇다면 책을 읽어보세요.

어떻게 살아야 잘 사는 삶인지 헷갈릴 때,
나 자신을 위로하고 싶은데 방법을 모를 때,
책을 읽으면 많은 문제가 해결됩니다.

'이까짓 책이 무슨 도움이 되겠어?'
혹시 이런 생각이 들어도 질문하지 말고
그냥 무조건 책을 읽어보세요.

책을 읽는다는 건 나를 읽는다는 거예요.
나의 성장을 멈추지 않는다는 거예요.
그래서 열심히 살다가 멈춘 사람이든,
다시 시작하고 싶은 사람이든,
책을 읽다 보면 인생의 터닝 포인트를 발견하게 될 거예요.

때로는 책이 나를 살리는 귀인이 되기도 합니다.

 김미경의 북드라마
책 읽을 때 반드시 알아야 할 꿀팁 2가지!

연결의 힘

지금과 다른 삶을 꿈꾸고 있나요?
그렇다면 일상에서 멀리 떨어진 곳과 '연결'되십시오.
다른 생각, 다른 경험을 한 사람들과 나를 연결시켜야
다른 차원의 삶으로 건너갈 수 있어요.

제가 피아노 학원 선생님을 하던 시절,
하루 종일 아이들을 가르치고 나면
허무한 감정이 밀려들곤 했어요.
다른 사람들과 좋은 책도 읽고 싶고
다양한 분야의 사람들과 토론도 해보고 싶은데
제 주변에는 그걸 같이할 만한 사람이 없었거든요.
내가 가르치는 아이들, 학부모들, 동네 사람들,
매일 마주치는 그 사람들은 매일 같은 이야기만 했으니까요.

그러다 우연히
'성공하는 사람들의 7가지 습관' 세미나를 알게 됐고,

수강료가 꽤나 비쌌지만 돈을 열심히 모아서 수업을 들었어요.
과장을 좀 섞어 말하자면,
그 세미나는 마치 새로운 차원의 문을 연 것 같은 기분이었어요.
나보다 5단계쯤 고수인 사람들과 마주 보고 앉아서
서로의 생각과 의견을 주고받는데,
저도 모르게 평소에는 쓰지도 않던 고급 단어가 막 나오는 거예요.
각자 읽은 책 내용을 발표하는데,
저는 제가 논리적으로 분석하고 잘 전달하는 능력이 있다는 걸
그때 처음 알았어요.

그리고 깨달았죠.
내 안에 숨은 재능을 밖으로 꺼내려면
같은 재능을 가진 사람들과 연결돼야 하는 거구나.
그 사람들과의 만남이 나의 재능을 꺼내는
연결의 파이프였구나.
앞으로 어떤 사람들과 연결되느냐에 따라
내 안의 무수한 재능이 밖으로 꺼내지겠구나.

책을 읽어서 배우는 건 절반에 불과해요.
현장에서 사람을 만나고 배워야 비로소
나머지 절반이 채워집니다.

책에는 없는 살아 있는 배움은
사람을 통해서만 얻을 수 있어요.

지금과 다른 삶을 원한다면
새로운 사람과 만나고 연결되는 것에 게을러지지 마세요.
그 연결 속에 새로운 시작과 성공이 숨어 있습니다.

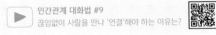 인간관계 대화법 #9
끊임없이 사람을 만나 '연결'해야 하는 이유는?

생각 조망권

아파트에만 조망권이 있는 게 아니에요.
사람의 생각에도 조망권이 있어요.
다른 사람의 기준에 휘둘리지 않고
내 삶을 더 높게 멀리 보려면
생각의 조망권이 높아야 합니다.

특히 엄마의 생각 조망권이 정말 중요해요.
엄마의 선택이 곧 자녀의 인생이 되는 경우를
너무 많이 봐왔거든요.

아들이 자퇴를 선택했을 때,
당시 제가 물리학이며 양자 역학이며 주역 등에 심취해
열심히 공부하고 있던 것이 얼마나 다행인지 몰라요.
아들의 사건을 엄마의 관점이 아니라
우주의 관점으로 바라볼 수 있었거든요.

'고작 16살에 평생 하고 싶은 것을 알아내다니,
나중에 엄청 잘되려고 지금 학교를 그만두는 거구나.'
마치 남의 집 아들이 자퇴한 것처럼
내 아들의 사건을 객관적인 위치에서 바라보게 된 거예요.

반면 우리 남편은 엄청 겁을 먹었어요.
기존의 사회적 잣대로만 아들의 자퇴를 바라보니까
엄청난 불행이라고 생각할 수밖에요.

그래서 부단히 책을 읽고 공부를 해야 해요.
책을 읽는다는 건 다른 사람의 시선으로
세상을 바라보는 연습을 하는 거예요.
다양한 분야의 책을 읽을수록
다양한 관점으로 세상의 현상을 해석할 수 있게 됩니다.
남의 생각과 남의 시선과 남의 철학을 빌려서
깨닫는 연습을 해야
더 높은 곳에서
내 문제를 객관적으로 바라보고 이해할 수 있어요.
이게 바로 생각의 조망권을 높이는 방법입니다.

생각 조망권이 낮은 사람의 특징이 뭔지 아세요?

현실의 문제를 해결하지 못해요.
'착하게 살았는데 왜 내가 이런 큰 병에 걸렸지?'
'나쁜 친구들 꾐에 넘어가서 잠깐 방황하는 걸 거야.'
이렇게 눈앞의 현실조차도 엉뚱하게 해석해버려요.
자신의 생각과 관점이 전부인 사람은
자신의 이해를 벗어나는 문제를 받아들이지 못하는 거예요.

그리고 물귀신처럼 주변 사람들을
자신이 있는 지하까지 끌어내려요.
'엄마가 너한테 어떻게 했는데, 감히 나를 배신해?'
자신의 꿈을 좇아 자퇴를 선택한 아들에게
온갖 죄책감을 강요하면서
기어이 꿈을 포기하게 만들어요.
엄마의 생각 조망권이 아들의 인생까지 지하로 끌어내리는 거죠.

생각 조망권까지 포함해서 엄마예요.
좋은 어른, 좋은 엄마로 살고 싶다면
생각 공부를 게을리하면 안 돼요.
자녀의 생각 조망권을 지상 15층으로 끌어올리느냐,
아니면 지하 5층으로 끌고 내려가느냐.
이 차이가 진짜 부모의 실력입니다.

MKTV 김미경TV
"이 한마디가 나를 살렸다!"

"지적인 힘이 부족하면 스스로의 불행을 크게 해석하게 돼요. 비참한 오늘을 살지 않을 방법은 미래를 사는 거예요. 그러니 공부하세요. 모든 메시지는 해석하기 나름이에요. 꺾인 나뭇가지는 반드시 다른 방향을 가리키죠. 책을 읽으면 다른 문을 열고 나가서 다른 곳을 보게 되고 층이 다른 조망권이 생겨요. 인생을 바라보는 조망권이 달라지면 인생을 다르게 해석하고, 사람을 대하는 방법도 달라지고, 특히 나를 대하는 방법이 달라져서 늘 나를 위한 좋은 선택을 하게 돼요. 조망권이 달라지면 사랑하는 내 아이들을 위한 좋은 선택을 자신 있게 할 수 있습니다."

어떤 문제가 생겼을 때 그 원인을 남이 아닌 나에게서 찾다 보니 스트레스가 줄고 불평불만이 줄었다. 내가 나를 사랑해주며 나의 자존감이 높아졌다. 내가 하고 있는 일에도 예전과는 다른 각오로 임하게 됐다. 더욱 적극적으로 더욱 열정적으로. 마지막으로 평생 책을 읽고 공부해야겠다는 마음이 생겼다는 사실이 너무 감사하고, 앞으로 성장할 나의 모습이 설레고 너무 기대가 된다.

– 박시연 님

감정의 먹이 사슬

살면서 남들한테 버럭 화낸 적,
아마 셀 수 없이 많을 거예요.

직장 상사에게 밉보여서 억울하게 승진에서 누락됐을 때,
내가 하지도 않은 일로 사람들이 나를 욕하고 비웃을 때,
내 배 속으로 낳은 아이가 내 마음 같지 않을 때,
화가 안 나는 게 오히려 더 이상한 거죠.
그런데 화를 낸다고 화가 사라지는 건 아니에요.

기쁨을 나누면 주위 사람들도 함께 행복해지고
슬픔을 나누면 공기 중에 흩어져 반으로 줄지만,
화라는 감정은 밖으로 꺼내는 순간
반드시 누군가의 마음을 다치게 합니다.
사라지지 않고 누군가의 마음에 쌓여 병들게 해요.

'동대문에서 뺨 맞고, 한강에서 화풀이한다'는 속담이 있죠.

사람들은 자신을 화나게 만든 사람에게는 화내지 않아요.

그 사람이 나보다 훨씬 힘이 세거든요.

대신 나보다 약한 사람에게 화를 쏟아냅니다.

남편은 아내에게, 엄마는 자녀에게, 아이는 동생에게.

그렇게 인간관계의 먹이 사슬을 타고

자신보다 약자에게 화풀이를 해요.

마치 폭탄 돌리기처럼 내 감정의 찌꺼기를 떠넘겨버리는 거예요.

그럼 감정의 먹이 사슬 맨 끝에 있는 아이는 어떻게 될까요?

떠넘길 상대가 없으니까 자기가 끌어안고 살아요.

이유도 모른 채 부모에게 받은 화를 스스로에게 쏟아내요.

그렇게 지속적으로 자신을 학대한 아이는

결국 마음의 병을 얻게 돼요.

우울증, 주의력결핍 과잉행동장애(ADHD), 분노조절장애 같은 거요.

한번 꺼낸 화는 사라지지 않아요.

다만 옮겨갈 뿐이죠.

당신이 쏟아낸 화는 지금 어디에 있나요?

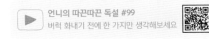
언니의 따끈따끈 독설 #99
버럭 화내기 전에 한 가지만 생각해보세요

'결정 근육'을 키우세요

앤드류 카네기와 헨리 포드 등
백만장자 500명을 연구했더니
이들에겐 공통점이 하나 있었대요.
바로 결단력이에요.

자신감 있고 빠르게 결정을 내리되
그 결정을 천천히 바꿔나가는 겁니다.
우선 시작하고 조금씩 보완하면서
완벽을 향해 나아갔던 거예요.

제 생각에 결단력은
'그냥 우선 해봐'와 동의어 같아요.
일종의 맹목성이라고 해야 할까요.
시작해야 하는 이유나 실패할 확률을 따지는 대신
일단 시작하는 거예요.
맹목적으로 달려드는 거예요.

제가 그래요.

저는 괜찮다 싶으면 일단 시작해요.

주변에서 좀 더 생각해보라고 아무리 말려도

절대 제 뜻을 굽히지 않아요.

일단 시작하고, 나머지는 수정하고 보완해가는 게

완성이라고 생각하니까요.

완벽하게 준비해놓고 시작, 이게 아니고

일단 해요. 일단 질러요.

이걸 '결정 근육'이라고 부릅니다.

운동을 꾸준히 하면 몸에 근육이 생기듯이,

빠르게 결정하고 일단 시작하는 연습을 계속해나가면

우리 생각에도 결정 근육이란 게 생겨요.

생각하고 고민하고 판단하기까지 모든 결정의 과정이

점점 빨라지는 거예요.

일단 시작하고 나중에 수정하는 과정을 무수히 반복하면서

처음의 결정이 완벽해지도록 애쓰는 거예요.

백만장자들이 최고의 결정을 내렸던 건

처음부터 그 결정이 훌륭했기 때문이 아니에요.

일단 시작하고 끊임없는 수정과 보완을 통해

최고의 결과를 이끌어냈기 때문이에요.

매일 작은 연습을 통해
결정 근육을 키워보세요.
일단 결정하면 결과를 향해 앞으로 나아가지만
아무것도 하지 않으면 그저 시간에 밀려갈 뿐입니다.

 김미경의 북드라마 #2-8
빠른 결정으로 남다른 부와 성공을 이루는 3가지 방법

집중력 키우는 방법

집중력은 타고나는 걸까요,

아니면 연습하면 높아지는 걸까요?

제 경험상 집중력은 후천적으로 키우는 거예요.

저는 시간이 날 때마다 TED 강연을 봐요.

과거 메시지에 집중할 때는 자막 위주로 여러 강연을 봤어요.

요즘 영어 공부를 하면서는 하나의 강연을 여러 번 반복해서 봐요.

괜찮은 강연을 발견하면 영어가 들릴 때까지 반복해서 보고요.

영상을 반복해서 보면

안 들리던 영어 단어가 귀에 콕 하고 박히는 순간이 와요.

그러면 강연 내용을 받아쓰기 시작해요.

15번 정도 반복 재생해서 받아쓰기를 하면

어느 정도 빈칸이 채워져요.

여유가 있을 때는 강사의 속도에 맞춰서 6번 정도 따라 읽는데,

그러고 나면 영어로 말하기에 자신감이 생기더라고요.

제가 직접 해보니 집중력을 높이는 가장 좋은 방법은
내가 좋아하는 일로 집중력 연습을 하는 거예요.
평소 즐겨 보던 TED 강연으로 영어 공부를 하니까
그냥 교재로 공부할 때보다 훨씬 재미있고 오래 할 수 있더라고요.
만약 스스로 집중력이 약하다고 생각된다면
그동안 내가 싫어하는 일로 집중력 연습을 했던 건 아닌지
되돌아봐야 해요.

사람은 좋은 경험이 쌓여야 자신감이 생겨요.
나도 모르게 싫은 일로 나쁜 경험을 쌓다 보면
스스로를 집중력이 없는 사람이라고 착각하고 포기하게 돼요.
자기 신뢰가 떨어지고 좋아하는 일조차도 못하게 돼요.

그러니 집중력을 키우고 싶다면
자신이 좋아하는 일로 연습하세요.
싫어하는 일을 붙들고 고생하지 마세요.
당신의 집중력은 지금보다 훨씬 좋아질 수 있습니다.

 유튜브대학 위너세션
언제 어디서나 초집중 가능한 집중력 키우는 법 3가지!

아주 작은 습관의 힘
- -

사람은 타고나길 게으른 걸까요?
머리로는 일찍 일어나야지 다짐해도
더 자고 싶은 내 몸이 움직여주질 않아요.
빨리 이 일을 처리해야지 하면서도
하기 싫은 내 몸이 자꾸만 꾀를 부려요.

내가 원하는 방향과 내 몸이 자꾸 정반대로 가니까
필연적으로 좌절을 마주할 수밖에요.
지각한 나에게 좌절하고
마감을 어긴 나에게 실망하기를 반복하는 거예요.

어디 이뿐인가요?
매일 다이어트를 결심하지만 몸무게는 줄지 않고,
매달 저축을 생각하지만 통장은 늘 텅 비어 있어요.
이유는 단순해요.
그 행동을 매일 반복했기 때문이죠.

매일 10분씩 늦게 일어나니까 지각을 하는 거고,
업무 시간에 친구와 메신저를 주고받으니까 마감을 어기는 거고,
저녁마다 야식을 먹으니까 살이 빠지지 않는 거고,
적금 통장은 만들지도 않았으니까 돈을 모으지 못하는 거예요.

어떤 행동이든 반복하면 그것이 내 모습이 됩니다.
게으른 나, 뚱뚱한 나, 가난한 나는
누구도 아닌 내가 반복한 작은 습관들이 만들어낸 결과예요.

이 악순환을 깨려면 어떻게 해야 할까요?
좋은 습관을 매일 반복하면 됩니다.
알람을 10개 이상 맞춰서라도 반드시 제시간에 일어나고,
업무 시간에는 개인 메신저 접속을 아예 차단해버리고,
저녁 식사 이후에는 절대 음식을 먹지 않으며,
적금 통장을 만들고 자동 이체를 해서 강제로 돈을 모으는 거예요.
내가 바라는 모습이 되는 방향으로
나의 모든 습관을 새로 고침 해버리는 거죠.

물론 습관 바꾸기는 정말 어려운 일이에요.
대단한 의지와 노력이 필요하죠.

미국의 유명한 습관 전문가인 제임스 클리어는
고교 시절 사고로 얼굴뼈가 30조각으로 부서지고,
무려 3번의 심정지까지 겪었어요.
누구도 야구 선수로 복귀하지 못할 거라고 생각했죠.
하지만 그는 불과 6개월 만에 다시 걷게 됐고
6년 뒤에는 대학에서 최고 선수로 꼽혔습니다.

비결은 매일 1%씩 습관을 바꾼 겁니다.
처음 도전한 습관은 아침에 일어나 침구를 정리하는 거였어요.
깔끔하게 잘 정돈된 침대를 보면서
자신의 인생도 잘 정리되고 있는 중이라고 생각한 거예요.
침구 정리 습관이 어느 정도 몸에 배면
그다음에 작은 습관 하나를 추가하고,
그 역시 익숙해지면 또 다른 습관을 추가하는 식으로
자신의 일상을 좋은 습관으로 바꿔나갔습니다.
그 결과 자신에 대한 신뢰가 점점 높아졌어요.

이걸 '스몰 윈(Small win)', 즉 작은 성취라고 부릅니다.
작은 것에 도전해 성공한 자신감으로
점차 더 어려운 것에 도전하고
마침내 자신이 원하는 성공을 이뤄내는 거예요.

작은 습관의 결과가 이렇게 엄청난 겁니다.

모든 성공의 절반은 습관에서 비롯됩니다.
갑작스러운 몰입이 아니라 일상의 작은 습관이 모여서
나를 성공의 방향으로 이끌어가는 거죠.
거창할 필요 없어요.
의식주만 좋은 습관을 가져도 균형이 잡힙니다.
의식주가 탄탄하면 위기를 겪어도 금세 일어나지만,
의식주가 무너진 상태에서는 아무리 좋은 기회가 와도
그걸 붙잡을 힘이 없게 돼요.

제임스 클리어가 했던 말 중에
'잠재력은 습관을 통해 밖으로 나온다'는 말이 있어요.
저도 그의 말에 전적으로 동의해요.

내 안의 잠재력은 습관이라는 통로를 통해서만
몸 바깥으로 나올 수 있어요.
좋은 습관을 들이지 않으면 내 안의 잠재력은
평생 내 안에 머물러 있게 돼요.

만약 지금보다 더 나은 내가 되고 싶고,

내가 원하는 꿈에 더 가까이 다가서고 싶다면

나만의 좋은 습관을 만들어보세요.

1%의 작은 습관이라도 매일 반복하다 보면

그 습관이 내가 원하는 나에게 데려다줄 거예요.

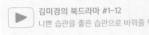

MKTV 김미경TV
"이 한마디가 나를 살렸다!"

"80%의 잠재력 잠복기를 거쳐야 습관이 결과로 나옵니다."
"습관은 목표가 아닌 시스템이에요. 목표는 일시적 변화를 가져오지만, 시스템은 꾸준히 개선되어 정체성의 변화를 가져오거든요."

노력은 하는 거 같은데 답답하기만 했던 내게 첫 번째 '뎅~' 하고 울렸던 말. "80%의 잠재력 잠복기를 거쳐야 습관이 결과로 나온다." 그 후론 조급해하지 않기로 했다. 조급해지거나 하면 다독일 힘이 생겼다. 잠복기 80%라고, 뭔가 보이는 사람들은 잠복기 80%를 지나온 거라고.
두 번째 '뎅~' 하고 울렸던 말. "습관은 목표가 아닌 시스템이다. 목표는 일시적 변화를 가져오지만, 시스템은 꾸준히 개선되어 정체성의 변화를 가져온다." 그래서 운동을 할 때도 나의 속도와 힘에 맞춰서 하게 됐다. 윗옷을 넣어 입는 정도라니 그러면 되지 하며 우스울 수도 있겠지만, 그나마 고무줄 밴드 바지만 입다가 최근엔 버클 청바지도 입을 수 있게 돼 기쁘다.

– 감사행 님

무식한 축적기

소위 성공했다고 평가받는 사람들의 인생을 보면,
무식할 정도로 노력하고 애쓰고 공부한 기간이 있더라고요.
자기 분야에서 탁월해지기 위해 쏟아부은 일정량의 시간 말이에요.

저는 이걸 '무식한 축적기'라고 불러요.
축적은 반복적으로 쌓여 누적되는 현상을 말해요.
그러니까 무식한 축적이란,
무식할 정도로 엄청난 양의 시간을 반복적으로 쌓아 올려서
눈에 띄는 변화를 만들어내는 거예요.
양이 일정하게 쌓이면 질적인 변화가 생긴다는 이론에 따라
내 꿈을 위해 무식할 정도로 노력을 쌓는
양적 축적의 기간인 거죠.

제가 '아미'인 거, 다들 아시죠?
방탄소년단은 '무식한 축적기'에 대해선
이미 경지에 이른 것 같아요.

방탄소년단은 연습생 시절은 물론이고 데뷔 후에도

하루에 16시간 이상 춤 연습을 했다고 해요.

밥 먹고 잠자고 이동하는 시간을 제외하고

온종일 춤 연습만 한 거예요.

어쩌다 하루가 아니고 수년간 매일 말이에요.

감탄사가 절로 나오는 '칼군무'는

이렇게 원시적인 노동, 무식한 축적기를 거쳐 탄생한 거예요.

원하는 분야에서 전문성을 확보하려면

기초 실력을 쌓는 무식한 축적기가 필요해요.

그런데 시간도 오래 걸리고,

열심히 하는데도 눈에 띄게 실력이 느는 것 같지도 않아요.

그래서 많은 사람들이 쉬엄쉬엄 축적하려고 해요.

충분히 놀고 쉬고 나머지 시간을 꿈을 위해 쓰는 거죠.

하지만 이 정도로는 축적이 안 돼요.

보슬비처럼 공중으로 흩어질 뿐이에요.

사람은 무식한 축적기를 거쳐야 업그레이드가 됩니다.

값비싼 학원에 다닌다고 다음 날부터 영어가 술술 잘 나오나요?

아니. 내 몸으로 배우고 축적한 시간이 없으면

아무리 돈을 많이 들여도 내 것이 되지 않아요.

정말 간절히 원하는 것이 있나요?

그럼 그것을 무식할 정도로 익히고 배우는

무식한 축적기에 도전하세요.

몸으로 익히고 배운 실력은 절대 나를 배신하지 않아요.

 드림머니 #10
돈 걱정 없이 여유롭게 살기 위해 반드시 필요한 이것?

MKTV 김미경TV
"이 한마디가 나를 살렸다!"

"무식한 축적기."

항상 연말만 되면 연초 계획들을 생활의 일부로 만들지 못한 것에 대해 후회했다. 하지만 2019년은 결혼 후 가장 열정적으로 살아서 나에게 '애썼어, 수고했어, 잘했어!'라고 칭찬하고 싶을 정도다. 2019년 나는 미경 언니 덕분에 내 안의 가능성을 믿으며 더욱 단단한 자신감과 열정을 갖게 되었고, 내가 꿈꾸는 삶을 위해서 "무식한 축적기가 필요하다니까!"라는 힌트까지 얻게 되었다.

나는 2020년을 '무식한 축적기의 해'라고 단언한다. 여행 크리에이터의 꿈을 이루기 위해 북드라마와 영어 공부에 집중하고 무식한 축적기를 적용할 거다. 1년 365일을 평범한 날이 아닌 꿈을 향한 축적의 시간으로 잘 활용해 나의 가치를 향상시키고 나만의 킬러 콘텐츠를 만들기 위해 매일 1%의 노력을 하며 꿈길로 뚜벅뚜벅 걸어갈 거다.

– books and life 님

일상에서 행복을 찾는 비결

매일매일 반복되는 일이 있다면
그게 바로 일상입니다.
모두가 부러워하고 행복해 보이는 특별한 모습도
그 사람에게는 평범한 일상일 뿐이에요.

아무리 지위가 높고 돈이 많아도
그 사람에게는 자신의 일상이
괴롭거나 우울하거나 힘든 것일 수도 있어요.
부의 크기와 일상의 행복은
전혀 별개의 영역인 거죠.

일상에서 행복을 느끼려면 능력 하나가 필요해요.
나의 일상을 소중하게 대하는 거예요.

제가 가장 좋아하는 일상의 공간은 서재예요.
강의나 촬영을 제외하곤 대부분의 시간을 서재에서 보내요.

서재에서 책을 읽고, 서재를 예쁘게 꾸미는 게 저의 일상인 거죠.

일이 잘 안 풀려 속상할 때 저는 예쁜 머그 컵을 사요.
책상 위에 올려놓고 커피를 마시면 일주일이 행복하거든요.
삶이 공허하게 느껴질 때 저는 책장 정리를 해요.
읽고 싶은 책들로 한 줄을 채우면 마음이 뿌듯해지거든요.
회사 문제로 골치가 아플 때 저는 귀여운 스티커를 사요.
다이어리 여기저기에 붙이다 보면 마음이 편안해지거든요.

저의 일상은 지루하거나 불행할 틈이 없어요.
일상의 공간인 서재를 예쁘게 꾸미기만 해도 행복해지니까요.

일상에서 행복을 발견하지 못하는 이유가 뭔지 아세요?
열에 아홉은 귀차니즘 때문이에요.

쌓아둔 설거지가 귀찮아서 편의점 음식으로 끼니를 때우고,
밀린 빨래가 귀찮아서 입었던 옷을 대충 털어 입고,
쌓아둔 옷 정리가 귀찮아서 침대 구석에서 쪽잠을 자면서
내 일상이 행복하다고 느끼는 사람은 아마 없을 거예요.

내가 나의 일상을 귀찮아하면 일상이 불편해져요.

일상이 불편해지면 행복은 저 멀리 도망가버려요.
나의 일상과 편하게 지내야 행복과 가까워질 수 있어요.

다른 사람의 행복을 부러워하지 마세요.
그 대신 평범해 보이는 나의 일상을 윤이 나게 닦아보세요.
내가 나의 일상을 소중하게 대한 만큼
일상이 나에게 행복을 가져다줄 거예요.

 언니의 따끈따끈 독설 #130
일상에서 행복을 만들어가는 사람들이 가진 특별한 능력

소 중 한

관 계 를

살 린

한 마 디

좋은 첫인상을 원한다면

얼마 전 책에서 읽은 건데요,
어느 뇌 과학자의 연구에 따르면
첫인상을 결정짓는 요인은
외모, 목소리, 사용하는 단어의 순서라고 해요.

그런데 제가 수많은 사람들을 만나 보니
외모보다는 태도가 더 중요하게 작용하더라고요.
경험상 외모나 목소리는 첫인상과 아무런 관계가 없어요.
그냥 인사만 잘해도 모든 첫 만남을 훈훈하게 시작할 수 있어요.

"안녕하세요" 밝은 목소리로 인사하고요,
상대방의 이야기에 귀 기울이면서 경청하고요,
편안하고 자연스러운 인상을 주는 것.
좋은 첫인상은 아주 기본적인 것에서 결정돼요.

인사하는 게 쉬운 것 같죠? 안 쉬워요.

사실 우리는 제대로 인사하는 법을 잘 몰라요.
눈 마주치길 기다리다가 인사할 타이밍을 놓치거나,
누군지 몰라서 대충 고개만 살짝 끄덕였다가 낭패 본 적,
다들 한 번쯤은 있을 거예요.

그때 여러분의 첫인상은 꽝이었을 겁니다.
제대로 하는 인사란 상대에게
'제가 당신을 향해 온전히 열려 있어요'라는 메시지를
온몸으로 보여주는 거예요.
몇 마디 말이 아니라 전신으로 표현해야 하는 거죠.

여러분은 귀한 손님을 만나면 어떻게 하나요?
하던 일을 멈추고 달려 나가서 허리를 굽혀 인사하잖아요.
얼굴만 빼꼼 내민 채 고개만 까닥, 그러지 않잖아요.
마음의 각도에 따라 몸의 각도가 달라지는 거니까요.

그러고 보면 인사는 참 많은 것을 보여주는 것 같아요.
열려 있는 사람인지, 닫혀 있는 사람인지.
활발하고 밝은 사람인지, 우울하고 어두운 사람인지.
유연하고 부드러운 사람인지, 아니면 차갑고 경직되어 있는 사람인지.
예의가 있는지, 아니면 무례한 사람인지 말이에요.

차분하고 편안하고 부드럽게,

그냥 인사만 잘해도

상대방이 나를 '열린 사람'이라고 느낍니다.

참 괜찮은 사람이라고 여길 거예요.

인사 하나만 잘해도

관계의 시작을 잘 풀어나갈 수 있습니다.

 인간관계 대화법 #10
인간관계에서 100% 통하는 호감 가는 첫인상 만드는 법!

MKTV 김미경TV

"이 한마디가 나를 살렸다!"

"말이 그리는 몸이 중요해요."

사람이 누군가와 의사소통을 할 때, 자기소개를 할 때에는 첫인상과 느낌이 있다고 한다. 말을 잘하는 것도 중요하지만, 말을 할 때의 제스처도 인상을 결정하는 중요한 요소에 속한다고 한다. 입으로 하는 말이 전부인 줄로만 알았는데, 그게 아니었다. 한 사람의 진정성 있는 태도는 제스처에도 포함된다는 것이다. 음소거 연습을 꾸준히 하여 진심으로 사랑하고 미안해하는 연습을 해보라는 미경 선생님의 말이 정말 와닿았다.

– 이지현 님

마음의 위치를 높이세요

하루는 매운 떡볶이를 만들었어요.
남편이 한입 먹더니 이렇게 말해요.
"여보, 너무 매워."
그럼 저는 이렇게 답합니다.
"그냥 먹어."
그런데 아들은 달라요.
"엄마, 너무 매워."
"매워서 어쩌니."

왜 이렇게 차이가 나는 걸까요?
내 마음의 위치가 달라서 그래요.

높은 곳에 서면 내려다보게 되잖아요.
상대를 내가 돌봐야 할 약자라고 여기면
그 사람이 하는 말과 행동에 상처받지 않아요.

하지만 상대보다 내 마음이 낮은 위치에 있으면
지나가는 한마디에도 마음을 다쳐요.
그 사람 아래에서 칭찬받기만을 기다리기 때문이에요.

열심히 만든 음식인데 맛없다고 안 먹으면
하루 종일 섭섭하고 속상해요.
'왜 맛없다고 했을까? 내가 뭘 잘못한 걸까?'
안 해도 될 걱정을 사서 하며 스스로를 괴롭혀요.

아들은 잘못이 없어요.
내 마음의 위치가 너무 낮아서 그런 거예요.
칭찬을 안 해주면 섭섭하기로 작정한 높이에서
쭈그려 앉아 있었던 거예요.
아들이 나에게 상처를 준 게 아니라
내가 나를 상처받을 곳에 데려다놓은 거예요.

만약 다른 사람의 말과 행동에
지나치게 상처받고 있다면
혹시 내가 상처받기 좋은 위치에 있는 건 아닌지
살펴봐야 해요.

그리고 내 마음의 위치를 높이기 위해 노력해야 해요.
마음의 위치를 1cm만 높여도
'셀프 상처'는 예방할 수 있습니다.

 김미경의 있잖아 #119
나와 다른 누군가에게 상처받았다면

누군가를
이해하기 어려울 때

내 주변의 누군가를 도무지 이해할 수 없어서
자꾸 미워하게 되고 마음이 힘들었던 경험,
살면서 한 번쯤은 있으실 거예요.
이해할 수 없는 대상이 가족이거나 너무 가까운 사람이라면
마음의 괴로움은 한층 더 커집니다.

제 인생에도 그런 사람이 한 명 있었어요.
바로 아버지예요.
저는 어릴 때 아버지를 이해할 수 없었어요.
손대는 사업마다 다 망했고,
아버지의 경제적 무능 때문에
우리 가족은 무척 힘든 시간을 보내야 했어요.

아버지가 마지막으로 벌인 사업은 돼지 농장이었어요.
예순 넘어 시작한 일이었죠.

하루는 아버지를 뵈러 농장을 찾아갔는데
그곳에서 엄청난 장면을 보게 됐어요.
막사 옆 웅덩이에 죽은 돼지 시체들이 가득 쌓여 있는 거예요.
어디선가 희미하게 쿵쿵쿵 소리가 들리기에 가보니
작은 방 안에서 아버지가 벽에 머리를 찧으며 울고 계셨어요.
"나란 놈은 왜 이렇게 평생 안 풀리노."
이렇게 읊조리며 눈물을 흘리시는데
저도 한참을 따라 울었습니다.

그 순간 이런 생각이 들었어요.
'아버지도 평생 얼마나 잘해내고 싶으셨을까.'
어쩌면 가족들 중에서 가장 힘들었던 사람은
아버지였을지도 모르겠다는 생각이 들더라고요.
돌아보면 아버지는 경제적으로만 무능했을 뿐,
자식들에게는 한없이 자애로운 분이었고
가정에도 더없이 충실한 분이었어요.
하지만 우리 가족은 무슨 일만 생기면 무조건
아버지 탓으로 돌리며 원망하기 바빴어요.
아버지는 평생 당신 편이 한 명도 없었던 거예요.
저는 나이 마흔을 넘겨서야 비로소
아버지를 제대로 이해할 수 있었습니다.

이런 일이 어떻게 가능했던 걸까요?

그건 제가 아버지보다 더 커졌기 때문이에요.

어릴 때는 아버지를 담기엔 내 마음의 크기가 너무 작았어요.

그런데 세월이 켜켜이 쌓이면서

이제는 아버지를 내 마음에 담아도 될 만큼 제가 커버린 거예요.

아버지가 살아온 인생을 있는 그대로 인정하고 받아들이게 된 거예요.

혹시 누군가를 이해할 수 없어서 마음이 힘든가요?

그렇다면 시간 여유를 가지고 마음의 크기를 키워보세요.

상대방의 허물마저도 온전히 담을 수 있을 때까지 말이에요.

내가 누군가를 품을 수 있을 만큼 성장하면

원망의 대상도 이해의 대상이 됩니다.

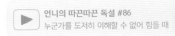

언니의 따끈따끈 독설 #86
누군가를 도저히 이해할 수 없어 힘들 때

모녀 관계를 살리는
짧고 산뜻한 대화

요즘 하루가 멀다 하고 엄마에게 전화가 와요.
그런데 바로 못 받을 때가 많아요.
일단 통화가 시작되면 1시간은 꼼짝없이
핸드폰을 들고 있어야 하거든요.
저도 모르게 아무 일정도 없을 때만
통화 버튼을 누르게 되더라고요.
그런데 최근 들어 일정이 없는데도
엄마와의 통화를 망설이는 저를 발견했어요.

엄마와의 통화는 대화를 주고받기보다는
하소연을 들어주는 것에 가까워요.
좋은 말도 여러 번 들으면 싫증 나는 법인데,
엄마의 힘들었던 과거를 반복해서 들으니
저도 힘들고 지치더라고요.

전화벨이 울리고 엄마 이름이 뜨면
통화 버튼을 누를까 말까,
솔직히 0.1초 사이에 엄청나게 갈등해요.
물론 대부분은 엄마의 승리지만요.

그런데 저만 그런 게 아니더라고요.
강연을 다니며 만나는 30~40대 여성들도
저와 마찬가지로 엄마와 통화하는 게
힘들다는 이야기를 많이 해요.

그래서 딸들을 대표해 어머니들에게
자녀와 더 가까워지는 전화 통화 대화법 세 가지를
알려드리려고 해요.

첫째, 10분 안에 용건만 간단히 하기로 해요.
사실 안부와 용건을 묻는 데는 10분이면 충분해요.
통화가 길어지는 이유는 하소연으로 흘러가기 때문이에요.

자녀 입장에선 엄마의 그 레퍼토리가 시작됐다 하면
중간에 말을 끊기가 참 난감해요.
이미 여러 번 들어서 외울 정도지만,

그때 그 일이 얼마나 가슴에 맺혔으면
아직까지도 이야기할까 싶어서
정말 효심으로 들어드리는 거거든요.

엄마는 그걸 잘 모르는 것 같아요.
이제 그 얘기는 그만하라고 말할라치면
"이런 얘기 너한테나 하지, 그럼 누구한테 하냐?"
이렇게 말씀하시면 어쩔 도리가 없어요.

그런데 우리 아버지는 너무 잘 아시더라고요.
한번은 엄마 옆에서 이렇게 말씀하시는 거예요.
"여보, 10분 안에 끊어. 그래야 미경이가 다음에 또 받아주지."
이게 정답입니다.

둘째, 가족 흉보는 이야기는 하지 마세요.
아무리 나쁜 의도가 없다고 해도
가족 때문에 억울하고 속상했던 일들이
대화 소재로 반복되면,
그 부정적인 기운 때문에 힘이 쭉 빠져요.
몇 번은 집중해서 듣다가도
어느 시점부터는 귀를 닫게 돼요.

그 기운이 나쁘게 이어지면
아예 엄마의 이야기에도 귀를 닫을지 몰라요.
딸과의 대화가 단절되는 걸 원치 않는다면
이제 부정적인 이야기는 그만하는 걸로 해요.

셋째, 매번 새로운 이야기를 해주세요.
10번쯤 했으면 이제 그만해도 괜찮아요.
습관적으로 "어, 어" 이러는 거 말고,
"뭐라고? 다시 말해봐"
딸이 되묻게 되는 새로운 이야기를 들려주세요.
흘러간 옛이야기 말고 지금 사는 이야기를 해주세요.

새로운 이야기를 하려면
새로운 장소와 새로운 사람을 만나야 합니다.
그래야 과거를 벗어나 지금 사는 이야기를 할 수 있어요.

엄마와 딸의 관계를 되살리는 짧고 산뜻한 대화법,
오늘부터 당장 시작해봐요.

 인간관계 대화법 #11
관계를 오래 유지하기 위해 전화할 때 꼭 알아야 할 이것!

당신은 공감파입니까,
찬물파입니까?

대화를 많이 나눈다고 해서
친한 사이가 되는 건 아닌 것 같아요.
어떤 대화는 오히려 관계를 단절시키기도 해요.

제가 운동을 시작하면서 한창
근육 키우기에 몰두할 때였어요.
하루는 친구에게 제 복근을 보여주며
어떤 운동을 해서 어떤 변화가 있었는지
신나게 얘기했어요.

그런데 친구 반응이 어땠는지 아세요?
자기가 아는 어떤 사람은
근육 운동을 하다가 오히려 팔뚝이 굵어졌다는 둥,
운동하다가 그만두면 오히려 살이 더 찐다는 둥,
주변에서 들은 부작용 사례만 늘어놓는 거예요.

'아, 이 친구는 내가 운동하는 걸 좋아하지 않는구나.'
'내가 이룬 성취를 응원하지 않는구나.'
이런 생각이 저절로 들었어요.
급기야 '얘가 나를 싫어하는구나'를 거쳐
'맞아, 얘는 10년 전부터 그랬어',
생각의 흐름이 여기까지 금방 가더라고요.

대화에 찬물을 확 끼얹은 친구를 보면서
새삼 저를 되돌아보게 됐어요.
걱정한다는 핑계로 잘난 척하면서
오히려 상대방의 말에 찬물을 끼얹은 적은 없었는지를요.

대화를 잘 이끌어가는 실력,
상대방의 말에 잘 공감하는 능력은
나이가 든다고 해서 저절로 늘지 않아요.

나이가 들수록 오히려
'내가 인생을 좀 살아봐서 아는데'
잘난 척하는 마음으로 아랫사람들에게
찬물을 끼얹는 말을 쉽게 던지게 돼요.

이제는 대화를 할 때 상대방의 이야기만 들을 게 아니라.
자신도 돌아보면 좋을 것 같아요.
한번쯤은 상대방의 표정도 살펴보고요.

당신은 '공감파'인가요, 아니면 '찬물파'인가요?
서로의 마음을 헤아리는 '공감' 대화를 통해
따뜻한 관계를 잘 만들어가세요.
'찬물파'가 되는 순간,
아무도 당신과 말을 섞고 싶어 하지 않을 테니까요.

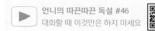

언니의 따끈따끈 독설 #46
대화할 때 이것만은 하지 마세요

비호감을 부르는 말습관

대화에서 말하기보다 어려운 것이
적절한 리액션인 것 같아요.
말하기는 미리 준비가 가능하지만
반응하기는 무의식 중에 나오기 때문이죠.

사람의 성품은 리액션을 통해 드러납니다.
인간관계도 리액션으로 결정되는 경우가 많고요.

사람들은 내 이야기를 잘 들어줄 때 고마움을 느낍니다.
누군가가 내 이야기에 공감해주면
사랑과 인정, 관심을 받고 있다고 느껴요.

반면에 정말 비호감인 리액션들도 있죠.
집중하지 못하고 다른 생각을 한다거나,
어떤 말을 꺼내도 감정 없이 차갑게 반응한다거나,
"그게 아니고"라면서 말을 툭 끊어버리는 것.

모두 말하는 사람에게 무시당한 느낌을 주는
비호감 말습관들입니다.

일상적인 대화에서 말하는 사람은
굳이 동의를 구하는 게 아니에요.
비판적이고 논리적인 해법을 원하는 것도 아니에요.
그냥 내 이야기에 성의껏 귀를 기울이고
내가 느낀 감정을 공감해주길 바라는 거예요.
"응, 네 말이 맞는 것 같아."
"그래, 정말 속상했겠다." 이렇게요.

그런데 혹시 대화 중에 이런 말을 한 적은 없었나요?
"내가 보기에는 말이야."
"너 내 말뜻 이해했어?"
"그러니까 내 말뜻이 뭐냐 하면 말이야."
만약 이런 말들을 습관적으로 한다면
비호감으로 보이지 않는지 신중히 잘 살펴보세요.

우리는 본능적으로 상대가 나에게
어떤 피드백을 주는지를 감정적으로 느낍니다.
이 감정들이 켜켜이 쌓이면 그것이 인간관계가 되고요.

말을 잘해야만 친구가 많이 생기는 게 아니에요.

잘 들어주고, 좋은 리액션을 잘하면

어느 자리에서건 환영받을 수 있습니다.

 인간관계 대화법 #18
상대방이 호감을 느끼는 리액션 기술!

그냥 들어주세요

친구가 힘든 일을 털어놓을 때,
여러분은 어떻게 위로해주나요?

남을 위로할 때 사람들이 흔히 하는 실수가 있어요.
불행을 더 큰 불행으로 덮을 수 있다고 착각하는 거예요.

난생처음 해외여행을 갔다가 소매치기를 당했어요.
그때 친구가 이렇게 말해요.
"너는 지갑만 잃어버렸지?
나는 가방을 통째로 소매치기 당했어."

갑자기 부모님이 사고로 돌아가셨어요.
그런데 친구가 진지한 얼굴로 이렇게 말하는 거예요.
"그래도 너는 괜찮은 거야.
나는 대학교 때 부모님이 돌아가셨잖아."

물론 나보다 더 큰 불행이 위로가 될 때도 있어요.
'나만 힘든 게 아니구나, 나보다 더 힘들게 사는 사람들도 많구나.'
남의 불행과 나의 불행을 저울질하면서
마음의 상처를 극복해나가는 경우도 있을 거예요.

하지만 위로는 '비교'가 아니라 '공감'이에요.
저 사람보다 내 불행의 크기가 작다고 해서
내가 지금 느끼는 괴로움이 작아지는 건 아니에요.
마음은 상대 평가가 아니라 절대 평가니까요.

만약 주변에 불행한 사건으로 위로가 필요한 사람이 있다면
아무 말 하지 말고 그냥 들어주세요.
그 사람이 자신의 슬픔과 괴로움을 모두 토해낼 때까지
귀를 기울여 들어주고 고개를 끄덕여주세요.
그것만으로도 큰 위로가 될 거예요.

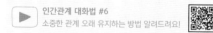

인간관계 대화법 #6
소중한 관계 오래 유지하는 방법 알려드려요!

거절의 기술

살다 보면 어쩔 수 없이 부탁을 하게 되기도 하고
때로는 부탁을 받는 입장이 되기도 합니다.
오죽 급하면 나한테 이런 부탁을 할까 싶어서
가능한 한 부탁을 들어주는 게 인지상정이죠.

그런데 들어주기 곤란한 부탁을 해오면
어떻게 거절해야 할지 참 난감해요.
잘못된 거절로 한순간에 나쁜 사람이 되기도 하고,
좋았던 관계가 갑자기 깨지기도 하니까요.

우리 나이쯤 되면 대충 느낌이 와요.
부탁 몇 번 해보고, 거절 몇 번 하다가
관계가 단절된 경험이 있으니까요.
누가 부탁을 해올 때
이거 잘못 처리하면 저 사람과 관계가 끊어지겠구나,
직감적으로 알아요.

그런데 안다고 해서 잘 처리하는 능력이 있는 건 아니에요.
부탁은 무조건 들이밀면 되지만
거절은 고도의 기술이 필요하거든요.
거절당한 사람이 오히려 고마움을 느끼게 하는
거절의 기술 말이에요.

그래서 제가 그간 경험으로 터득한
나도 남도 마음 상하지 않는
거절의 방법 세 가지를 알려드릴게요.

첫째, 성의 있는 시간 끌기를 해보세요.
숨넘어가게 하는 부탁은 대부분
오랫동안 깊이 생각해서 꼭 필요한 사람에게만 한다기보다는,
일단 너무 급하니까 주변 사람 모두에게
즉흥적으로 하는 경우가 많아요.
내용을 들어보면 꼭 내가 들어줘야 하는 부탁이
아닌 경우도 꽤 있어요.

그럴 때는 시간에 쫓기지 말고
2~3일 정도의 시간 여유를 가진 후에 답을 해보세요.
부탁받은 문제가 그 사이에 해결되어 있을 가능성이 높아요.

둘째, 결정권을 가진 사람의 범위를 넓혀보세요.
개인 대 개인의 부탁이라면
"남편과 의논해보고 연락할게"라고 해보세요.
회사 대 회사로 부탁이 들어오는 경우에는
"내부적으로 상의해보고 다시 말씀을 드리겠다"라고 해보세요.
그러면 부탁을 들어주지 못했다 하더라도 덜 곤란합니다.
내가 거절한 게 아니라,
우리 가족이나 회사가 거절한 것이기 때문이에요.

셋째, 세 번의 피드백으로 성의 있는 거절을 해보세요.
"알아보겠다", "알아봤는데 어려웠다",
"이번엔 아쉽지만 다음엔 꼭 도움을 드리고 싶다"라고요.
이 과정에서 도와주고 싶었던 내 마음의 진정성이
상대방에게 전달돼요.
부탁을 단칼에 거절하면 상대방도 나도 마음을 다쳐요.

우유부단하고 소심한 성격일수록,
관계에 서툰 사람일수록
거절을 잘 못해서 마음고생을 하거나
잘못된 거절 방법으로 오해를 사는 경우가
많은 것 같아요.

부탁을 들어주는 것만큼
거절을 잘하는 것도 정말 중요해요.
성의 있는 거절의 기술로
나 자신도, 소중한 인간관계도 지켜보세요.

 인간관계 대화법 #8
인간관계가 멀어지지 않게 '거절'하는 기술 3가지!

충고와 폭력 사이

나이와 충고는 비례하는 것 같아요.
오죽하면 '꼰대'와 '라떼는 말이야'가
우스갯소리가 됐을 정도니까요.

나는 도와주고 싶어서 한 충고를
상대방이 좋은 마음으로 받아주면 '조언'이 되지만,
그렇지 않을 경우엔 내 의도와는 다르게
'지적'이나 '참견'으로 여겨질 수도 있어요.
좋은 의도로 한 충고가 남에게 상처를 주거나
심지어는 관계를 깨뜨릴 수도 있는 거죠.
그래서 충고에도 세련된 기술이 필요해요.

누군가에게 충고를 할 때는 그 사람과 나 사이에
충고를 해도 될 만한 관계의 무게가 쌓였는지 살펴봐야 해요.
서로 만난 지 얼마 되지도 않은 상태에서 충고를 하면
상대는 내 말을 잘난 척 내지는 지적으로 받아들일 공산이 커요.

관계의 무게를 점검하는 것,
충고를 할 때 가장 우선해서 지켜야 할 원칙이에요.

두 번째로 충고를 해줄 사람의 성품을 잘 보셔야 해요.
자존감이 낮은 사람일수록 상대의 충고를
자신을 무시하고 공격하는 폭력으로 받아들일 수 있어요.
받아들일 준비가 되지 않은 사람에게 하는 충고는
오히려 관계의 독이 될 수 있는 거예요.

그리고 충고에 유연한 사람일지라도
그가 먼저 도움을 요청하기 전까지는 기다리세요.
충고의 말은 칭찬과는 달라요.
고쳐야 할 점, 못마땅한 점 등
듣기에 불편한 말을 하는 거잖아요.
진짜 건네기 어려운 말이에요. 정말 신중해야 해요.

만약 조언을 요청받았다면
아무리 도움이 되는 메시지라 할지라도
전하는 방식은 부드러워야 합니다.
그래야 상대방이 기분 상하지 않아요.

마지막으로 충고는 가벼울수록 좋습니다.
꼭 충고를 해야 하는 상황이라면
그것은 가벼운 힌트여야 해요.
가볍게 툭, 던져줘야 합니다.
상대방을 무너뜨리는 무거운 충고는 하지 마세요.

진정한 충고란
그 사람이 가진 자질 100개 중 하나를 바꾸는 거예요.
내가 던진 작은 힌트가 실마리가 되어서
그 사람에게 도움을 줄 수 있어야 진정한 충고입니다.

충고가 길어지고 무거워지면 그 충고에 짓눌려서
그걸 받아들이고 살아야 할 사람이 사라져요.
그럼 충고가 무슨 소용이 있겠어요?
상대방의 모든 것을 바꾸려고 하는 충고,
상대방의 근본을 뒤흔드는 충고는
폭력의 다른 이름일 뿐입니다.

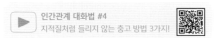

인간관계 대화법 #4
지적질처럼 들리지 않는 충고 방법 3가지!

험담에 대처하는 자세

살면서 남에게 욕 한 번 안 듣는 거,
참 어려운 일이죠.
나는 그저 내 일을 열심히 했을 뿐인데,
남에게 해를 끼치거나 잘못한 것도 없는데,
사람들 입방아에 오를 때가 왕왕 있잖아요.

얼마 전 강연장에서 만난 40대 사업가도
사람들 험담 때문에 마음고생이 심하더라고요.
뒤늦게 사업에 뛰어들어 보기 드문 성공을 거뒀는데,
사업이 잘될수록 험담도 늘어 힘들다는 거예요.
그런데 엉뚱한 데서 답을 찾고 있더라고요.

"사업 규모를 줄이면 험담도 좀 줄어들겠죠?"
아니요, 사업을 계속하는 한 험담은 사라지지 않아요.
당신이 어떤 일을 하든 험담은 계속 꼬리를 물 거예요.
그게 험담의 기본 속성이거든요.

이 세상에 그 어떤 일도 나 혼자 해낼 수는 없어요.
직장생활이든 자기 사업이든 다른 사람들의 도움이 필요해요.
일의 보폭이 클수록 더 많은 사람들의 에너지가 필요해지고요.
그 에너지 안에는 단지 업무 능력만 들어 있는 게 아니에요.
사람들의 관심, 애정, 시기, 질투 등등
온갖 감정이 합쳐져서 내 일을 밀고 나가는 에너지가 돼요.

나의 성공을 함께 기뻐하고 응원해주는 사람이 있는가 하면,
내가 잘될수록 시기하고 질투해서 험담하는 사람도 있어요.
내 일을 밀고 나가는 에너지 안에는
응원과 험담이 공존하는 거예요.

팬이 안티가 되면 더 무섭다는 말처럼,
더 크게 성공할수록 나를 시기하는 에너지가 커지게 되고
나를 험담하는 사람들도 늘어나게 돼요.
그것까지 포함해서 내 일이에요.
그것까지 포함해서 내 성공입니다.

만약 나를 험담하는 사람이 한 명도 없다면
그건 아무 일도 안 했다는 뜻이에요.
그러니 험담을 두려워하지 마세요.

험담에 주눅 들지 마세요.

험담은 당신이 자기 일에 최선을 다했다는 증거입니다.

 언니의 **따끈따끈 독설 #88**
뒤에서 험담하는 사람 상대하는 법

'맞밥'의 철학

여러분은 '밥' 하면 무엇이 떠오르시나요?
어머니의 사랑과 정, 집밥의 든든함,
이런 것들이 떠오르시나요?

따뜻하고 푸근한 정서이긴 합니다만,
저는 이제 '밥에 대한 철학'에도
변화가 필요하지 않나 싶어요.

제가 강의를 처음 시작했을 때,
지방 강연이 잦아서 늦게 퇴근하거나
아예 며칠을 묵으며 일했던 적이 있었어요.
그때마다 강연을 주최한 담당자들이
저에게 물어보는 질문이 하나 있었습니다.

"강사님, 이렇게 지방 출장 오시면
남편 밥은 누가 해주세요?"

그런 이야기를 들을 때마다 이런 생각이 들더라고요.
'이놈의 대한민국에서는 여자와 밥이 분리가 안 되는 건가?'
'이 사람들은 내가 강사가 아니라 밥하는 여자로만 보이나?'

누군가가 집밥의 추억과 정을 이야기할 때,
누군가는 끊임없이 희생을 한 거예요.
어쩌다 한 번이 아니라 매일 두세 번씩이요.
만약 제때 챙겨주지 못하면 죄책감까지 떠안아야 하고요.
엄마의 자유는 부엌에 대롱대롱 걸려 있는 게 현실이에요.

저는 이 문제에 대해 가족 토론을 해본 적이 있어요.
누구 한 사람이 전적으로 밥을 책임져야 하는 건 옳지 않다고,
이제 너희들도 10살이 넘었으니 모두 나눠서 하자고요.
다행히 우리 가족들은 저의 밥 철학에 동의해줬어요.
가족의 도움이 없었다면 저도 끊임없이
밥걱정과 죄책감으로 힘들었을 거예요.

엄마가 차려준 밥을 얻어먹기만 한 남자들은 몰라요.
밥상 차리기가 매일 평생 규칙적으로 해야 하는 노동이라는 걸요.
요즘 맞벌이하는 부부들 진짜 많잖아요.

벌이도 함께한다면 밥도 함께하는 게 어때요?
'맞밥'을 하자는 거예요.

밥뿐인가요?
모든 집안일은 가족 모두가 유연성 있게 나눠서 해야 해요.
행복하자고 함께 사는 건데,
한 사람에게 모든 짐을 지우지 말고
오늘부터 우리 '맞밥' 하자고요.

 인간관계 대화법 #17
언니 남편은 밥할 줄 몰라? 아무 말도 할 수 없었던 그녀

권태기,
나쁜 것만은 아니에요

이 세상에 존재하는 인간관계 중에서
부부관계처럼 질긴 인연도 없는 것 같아요.

정말 친한 친구도 서로 마음이 틀어지면
하루아침에 원수가 되고,
내 몸으로 낳고 키운 자식도
성인이 되면 독립하는 것이 자연스러운데,
부부관계는 '권태기'란 이름표를 붙여서
어떤 갈등이 생겨도 극복의 대상으로 만들잖아요.

물론 요즘에는 이혼에 대한 고루한 생각들이
많이 줄어들긴 했지만,
그래도 여전히 많은 사람들이
부부관계를 잘 지켜내는 걸 중요시 여기죠.

그렇다면 부부가 평생 좋은 관계로 지내려면
어떻게 해야 할까요?
저는 권태기에 대한 새로운 정의가 필요하다고 생각해요.

부부관계 안에는 다채로운 사건과 시간이 존재해요.
결혼 초기엔 너무 좋아서 서로 붙들고 있는 시간이 있고요,
몇 년 지나서는 서로의 다름이 부딪히며 다투는 시간이 있고요,
몰랐던 서로의 모습을 알게 되면서 미안해하는 시간도 보내게 되고요,
자녀가 독립한 뒤에는 단둘이 살아가는 시간을 잘 보내야 합니다.

이 시간 모두가 달콤하고 황홀한 허니문일 수는 없어요.
서로를 미워하고 원망하는 권태기의 시간도 경험하기 마련입니다.
문제는 이 시간을 견디지 못하고
서로의 인연을 정리하는 경우가 적지 않다는 거예요.
혹은 그렇게 될까 봐 걱정하고 불안해하는 사람들도 많이 있어요.

그런데 권태기가 꼭 나쁘기만 한 걸까요?
이겨내고 극복해야 하는 대상인 걸까요?

허니문이 서로에게 집중하는 시간이라면,
권태기는 그 시선을 거둬 나에게 온전히 집중하는 시간이에요.

시선을 곧 관계의 징표로 여기는 사람은
나에 대한 관심이 사라졌다고 생각하고
상대방이 변했다고 말하겠죠.
부부가 서로 타이밍이 맞아서 쌍방으로 데면데면해지면
남들이 보기에 남보다 못한 사이처럼 보일 수도 있어요.

하지만 생각해보자고요.
누구나 50 이후에 접어들면
지나온 인생을 되돌아보게 되고
앞으로의 인생을 고민하게 되잖아요.

나는 어떤 걸 좋아하고 하고 싶은지,
앞으로 어떤 인생을 살고 싶은지,
내가 인생에서 이루고 싶은 가치는 무엇인지 등
내 인생을 의미 있게 보내기 위해
혼자 고민하고 생각할 시간이 반드시 필요해요.
그 최적의 시간이 바로 권태기예요.

권태기에는 상대방에게 몰입하지 않게 되니까
그 모든 에너지를 나를 돌아보는 데 쓸 수 있어요.
각자 자신에게 몰입의 시간을 갖고,

서로의 영역을 존중하고 배려하며,

때로는 서로의 꿈을 응원하고, 따로 또 같이 성장하는 관계.

이게 바로 제가 생각하는

가장 이상적인 권태기 부부의 모습이에요.

부부관계는 한 남자와 한 여자가 70년간 동고동락하며

각자의 성장을 이뤄나가는 엄청나게 긴 인연이에요.

그 중간중간 상대방에게 시선을 거둬 자신에게 몰입하는 시간은

어쩌면 부부에게 반드시 필요한 인생의 쉼표일지 몰라요.

더 이상 권태기를 극복의 대상으로 밀어내지 마세요.

그동안 소홀했던 자기 자신을 돌아보는 시간이자,

각자의 성장을 이뤄나가는 시간으로 삼자고요.

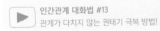 인간관계 대화법 #13
관계가 다치지 않는 권태기 극복 방법!

형제자매 간에
우애 있게 지내려면

혹시 결혼 후 형제자매와 멀어졌나요?
우애 있게 지내면 더없이 좋겠지만,
아무래도 각자의 가정을 꾸리고 살다 보면
한집에서 살던 때와는 달리
연락도 뜸해지고 사는 방식도 달라져서
때론 남보다 낯설게 느껴질 때도 있을 거예요.

그럼 결혼 후에도 우애 있게 지내려면
무엇을 어떻게 해야 할까요?

내 기준으로 판단하지 말아야 해요.
형제자매라 해도 공통분모는
한 부모 아래에서 나고 자란 것뿐,
사실 태어날 때부터 전혀 다른 별개의 생명체예요.
성격도 다르고 가치관도 다르고 직업도 달라요.

결혼 전에는 각자 학교생활과 직장생활에 집중하느라
형제자매와 시간을 함께 보내는 경우가 별로 없어요.
그러다 결혼하고 어느 정도 자리를 잡게 되면
그때부터 서로의 인생에 대해 참견을 시작합니다.

"너희 남편 그 정도 벌어서 집 장만은 할 수 있겠니?"
"너희 애들 그 성적으로 대학은 들어갈 수 있겠어?"
피를 나눈 형제자매라는 이유로
거침없이 독한 말들을 쏟아내는 경우가
생각보다 많더라고요.

"걱정되니까 하는 말이지.
가족인데 이 정도 말은 할 수 있는 거잖아?"
그런가요?
가족이니까 더더욱 형제자매의 상황과 처지를 헤아려서
있는 그대로 인정해주고 존중해줘야 하는 것 아닌가요?

한 부모 아래서 함께 나고 자란 형제자매라면
서로에게 절대 해서는 안 되는 게 있어요.
내 삶의 방식을 강요하지 말아야 해요.

남들이 하는 말은 그런가 보다 하고 쉬이 넘어갈 수 있어요.
각자 저마다의 삶의 방식이 있는 거니까
저 사람은 저렇구나 하고 대수롭지 않게 넘길 수 있어요.
하지만 내 가족이 하는 말은 비수가 되어 가슴에 꽂혀요.
가까운 사람에게 받은 상처가 더 날카롭고 오래가거든요.
피를 나눈 가족이라면 서로 더 배려하고 존중해줘야 해요.

많은 사람들이 내가 부모를 사랑하는 방식이
최선이자 가장 옳은 방법이라고 믿어요.
그래서 형제자매의 부모 사랑법을
내 기준으로 평가하고 잘잘못을 따져요.

어떤 사람에겐 자주 찾아뵙는 게 효도일 수 있고,
또 어떤 사람에겐 경제적으로 보탬을 드리는 게
그 사람의 가장 큰 효도일 수도 있어요.
그걸 무시하고 '명절에도 집에 안 오는 불효자' 취급을 해버리면
아무리 형제자매라 해도 관계에 금이 갈 수밖에 없어요.

형제자매는 같은 배 속에서 나고 자랐지만
완전히 다른 삶을 살아가는 독립적인 존재예요.
함부로 내 기준으로 판단하지 말고,

무례하게 내 삶의 방식을 강요하지 말고,

효도 방법을 두고 잘잘못 따지지 말고,

따뜻한 시선으로 지켜봐주세요.

있는 그대로 존중해주고 배려해주세요.

그게 형제자매의 우애를 지키는 유일한 방법입니다.

 언니의 따끈따끈 독설
안 보고 살면 그만이지 싶어도 평생 마음 아픈 형제자매 관계!

직장에서
'절친' 만들지 마세요

어느 직장이든
이상하게 뭘 해도 껄끄러운 사람들이 있어요.
그게 바로 직장이에요.
묘하게 서로 안 맞는 사람들이 모여서
다 같이 일하는 곳이 직장이란 곳이에요.

사실 내가 좋아서 선택한 사람들하고만 지내도
마음 안 맞는 일들이 생기잖아요.
다양한 사람들이 모여 있는 직장 안에서는
내 마음에 딱 맞는 사람을 찾기가 힘든 게 당연해요.
거의 불가능하다고 봐야 돼요.

직장뿐인가요. 어떤 모임이나 조직도 마찬가지예요.
어느 곳이든 나를 탐탁지 않게 여기는 사람,
내 마음에 들지 않는 사람이 존재합니다.

그럼 이런 사람들은 어떻게 대해야 할까요?

첫째, 시선을 바꾸세요.
상대방이 어떤 생각을 하는지 신경 쓰지 마세요.
그리고 혹시 내가 그 문제에 너무 예민한 건 아닌지
곰곰이 한번 생각해보세요.

둘째, 직장에서 절친을 만들지 마세요.
직장 안에서 누가 봐도 가까운 사이가 있나요?
언니 동생 하면서 한시도 떨어지지 않는 관계 말이에요.

"일은 안 힘든데 사람이 힘들어요."
이렇게 말하는 사람의 특징은
직장 안에서 친구를 만들려고 한다는 거예요.
사람 때문에 직장을 그만두겠다는 건
반대로 괜찮은 사람이 있으면 계속 다닌다는 거잖아요.

이런 사람들은 인간관계에 굉장히 민감하고
관계 맺기에 상당한 에너지를 쏟아요.
그래서 꼭 문제가 발생하죠.

누군가와 과도한 친밀함을 주고받는다는 건
상대적으로 누군가를 과도하게 소외시키고 있다는 뜻이기도 해요.
이중 어느 한 곳이라도 갈등이 생기면
심각한 상황으로 이어질 수 있어요.

직장 안에서의 인간관계는 적당한 거리가 필요해요.
프로 대 프로로 서로의 영역을 존중해주고,
서로의 다름을 있는 그대로 인정해주고,
모르면 배우고 또 가르쳐주기도 하면서
함께 성장하는 관계여야 해요.

그런데 직장 경험이 짧을수록
일을 잘해서 인정해주는 것과
친해서 잘해주는 게 다르다는 걸 몰라요.
'직장 동료'와 '친구'를 구분할 줄 모르면
반드시 관계 때문에 갈등이 생길 수밖에 없어요.

직장에서 절친을 만들려고 하지 마세요.
친구는 직장 밖에서도 얼마든지 만들 수 있어요.

 인간관계 대화법 #15
사회에서 적을 만들지 않는 꿀팁을 알려드릴게요!

"이 한마디가 나를 살렸다!"

"시간을 두고 몸의 반응을 기다리지 않고 머릿속으로 생각하고 너무 성급하게 결정한다는 거예요."

인간관계는 누구에게나 어려운 '숙제' 같다. 지금까지 틀어진 관계를 서둘러 회복하려는 마음이 앞서 상처받은 일이 참 많다. 그런데 강의를 듣고 예전에 맞지 않은 관계(화학 작용)라면 지금도 맞지 않은, 공식 같은 거라는 다른 시각이 마음속에 생겼다. 예전처럼 꼭 가까워야만 관계가 회복된 것이 아닌, 어느 정도 거리를 두고 어색하지 않게 인사할 수 있는 정도만 되어도 성숙한 관계일 수 있다는 말이 나에게 위로를 주었다.

너무 성급히 관계를 정하고, 정리하고, 그래서 실수가 많았다. 내 마음이 반응하고, 내 몸이 반응하기까지 기다렸다가 천천히 결정하는 습관이 필요하다. 외향적이고 진취적인 성격이 29살까지의 '나'를 살아가게 했다면 그 성격을 잘 다듬고, 신중한 모습도 학습하고, 습관으로 익히는 사람이 되어야겠다. 나이만 어른이 아닌, 정말 어른이 되는 연습을 해야겠다.

- You You 님

못된 상사 처리하는
두 가지 방법

직장에서 가장 어려운 관계는
상사와의 관계인 것 같아요.
내 생계와 관련이 있기도 하거니와
어떤 때는 한 팀처럼 가까운 듯하면서도
또 어떤 때는 참 멀게 느껴지는 관계잖아요.

직장 상사와 아무런 문제가 없다면 다행이지만,
사실 그런 경우는 매우 드물어요.
어떤 식으로든 부딪히고 갈등이 생기기 마련이죠.

그중 상당수는 오해가 쌓여서 관계가 어긋나는 경우예요.
서로가 친밀해지기 전에 의도치 않게
까다롭고 불편한 모습을 보여주게 되는 때가 있잖아요.
알고 보면 직장 상사와 나, 둘 다 괜찮은 사람인데 말이에요.

이럴 땐 진심을 다해서
인간관계의 전투를 치르는 것도 한 방법이에요.
한번쯤은 툭 터놓고 깊은 대화를 나누면서
그간 쌓인 오해를 푸는 거예요.
그리고 다음 날 명랑하게 인사하며
다시 새로운 관계를 쌓아가는 거죠.
같은 편이 되고 싶어서 시작한 전투니까 가능한 거예요.

그런데 아무리 봐도 직장 상사가
절대 상종하면 안 될 진짜 못된 사람일 수도 있어요.
그럴 때는 그 직장, 떠나야 합니다.
먹고살려고 다니는 직장인데
나쁜 상사 때문에 죽을 수는 없잖아요.

나쁜 상사는 피하는 게 상책이에요.
오히려 그 직장을 떠나 더 잘될 수도 있어요.
다른 직장에서 덕장을 만날 수도 있는 거잖아요.

세상에는 참을 수 없을 만큼 힘든 관계가
분명히 존재해요.

그럴 때는 나를 지키기 위해서라도

절대 참으면 안 돼요.

때로는 과감한 결단이 나를 살리기도 합니다.

 언니의 따끈따끈 독설 #107
회사에서 못된 직장 상사 처리하는 2가지 방법은?

MKTV 김미경TV
"이 한마디가 나를 살렸다!"

"이건 남에게 싫은 소리하는 그런 문제가 아니에요. 내가 나를 진정으로 귀하게 여기고 나의 자존감이 높다면 나 자신을 지키기 위해 남에게 목소리를 높일 수도 있게 되고, 그것에 당당하게 대처할 수 있게 되는 거죠. '답답이'에서 '당당이'로 조금만 바뀌어도 삶이 정말 많이 달라집니다."

남의 말에 쉽게 상처받고 휘둘리는 문제를 정말 새로운 시각으로 진단해주었다. 나를 더 사랑하고 지키기 위해 필요한 순간에는 할 말을 해야 한다고 생각하면 고래고래 소리 지르며 싫은 소리를 할 필요 없이 차분하지만 단호하게 말할 수 있을 것 같다. 앞으로 사회생활을 하면서 우물쭈물하면서 할 말도 못 하는 '답답이'에서 멋진 '당당이'로 거듭나 더 활기차게, 역량을 몇 배로 끌어올릴 수 있는 그런 삶을 살 것이다. 문제의 본질을 알고 나니 잘할 수 있을 거라는 자신감이 생긴다.

- K Irene 님

은근히 싫은 사람
상대하는 법

살다 보면 나에게 대놓고 피해를 주거나
맞붙어 싸우지는 않지만
은근히 성격 안 맞고 불편한 사이 있지 않나요?
서로 썩 좋아하지는 않는데
막 드러내놓고 부딪히지는 않는 관계요.

저는 이런 사람을 '작은 적'이라고 부릅니다.
적이긴 한데 위협은 안 되는 존재죠.
일상의 작은 적들은 그냥 데리고 살면 돼요.
나에게 큰 피해 안 주잖아요.
크게 부딪힐 일도 없잖아요.
있는 듯 없는 듯 그렇게 공존하면 됩니다.

그런데 우리는 가끔
작은 적을 큰 적으로 만드는 실수를 저지르곤 해요.

짚고 넘어가는 실수요.

평소에는 잘 무시하고 넘어가다가
가끔씩 굉장히 해치우고 싶다는
강렬한 욕망에 휩싸일 때가 있어요.

'내가 이 말은 안 하려고 했는데.'
'어지간하면 그냥 넘어가려고 했는데.'
이렇게 상대방을 공격하는 칼을 휘두르며
내가 더 위에 있다는 걸 확인하고 싶은 거예요.

부탁하는데, 제발 짚고 넘어가지 마세요.
말 안 하려고 했으면 끝까지 말하지 마세요.
그냥 넘어가려고 했으면 끝까지 남겨두고 사세요.
작은 적인 상태로요.

짚고 넘어가는 순간,
작은 적은 큰 적이 되어버려요.
그리고 나도 상대방에게 큰 적이 되는 거죠.

상대방이 나를 싫어한다는 걸 눈치로 알아채는 것과

직접 눈으로 확인하는 건 전혀 다른 거예요.
굳이 안 해도 될 승부를 내려다 큰 적을 만드는 것처럼
어리석은 행동이 또 있을까요.

큰 적을 데리고 살려면 굉장히 힘이 많이 들어요.
작은 적과의 공존이 사과 10알이 든 봉투를 들고 가는 거라면,
큰 적은 시멘트 10포대를 실은 리어카를 끌고 가는 거예요.
너무 무거워서 질질 끌고 가야 돼요.
큰 적을 데리고 산다는 건 그런 거예요.
큰 적이 곳곳에 있는 사람은 삶이 불행하고 고단합니다.

작은 적은 100명도 데리고 사는 게 가능해요.
조금 서운하기도 하고 짜증도 나지만
내가 살아가는 데 크게 지장은 없어요.

그러니 우리 인생에 큰 적을 만들지 말아요.
작은 적은 짚고 넘어가지 말고 그냥 넘어가자고요.

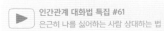
인간관계 대화법 특집 #61
은근히 나를 싫어하는 사람 상대하는 법

"이 한마디가 나를 살렸다!"

"작은 적을 큰 적으로 만들지 마세요."

서로에게 상처 주는 말을 하지 말고, 조리 있고 진실성 있게.

살아가다 보면 하고 싶은 말을 다 하지 못해서 바보 같고, 하고 나면 후회스러울 때가 많은데, 미경쌤의 말씀처럼 작은 적을 큰 적으로 만들지 말라는 말에 정말 공감한다. 이야기하고 나면 어색하고 다시는 안 볼 것처럼 행동한다. 한창 시부모 문제로 어려울 때 이 내용을 듣고 잘 이야기해서 지금은 잘 지내고 있다. 많이 배운다.

– 이희영 님

지금 등진 사람이 있다면

인간관계에서 가장 위험한 순간이 언제인지 아세요?
내 등 뒤에서 어떤 일이 벌어지고 있는지
모르고 있을 때예요.

우리는 눈앞에서 펼쳐지는 일만
현재 일어나고 있는 사건이라고 생각해요.
그런데 내 등 뒤에서 펼쳐지는 일들도
내 인생의 어마어마한 사건입니다.

눈앞의 사건은 내가 통제하고 해결할 수 있지만
등 뒤에서 벌어지는 사건은 해결할 수 없어요.
내 등에 무언가가 부딪혀 올 때에야 비로소
무슨 일이 벌어지고 있음을 알게 돼요.
하지만 그때는 이미 문제를 해결하기엔
너무 늦은 시점인 거죠.

그럴 땐 등 뒤로 돌아서세요.
내 등 뒤의 상대가 아무리 보기 싫어도 마주 서야 해요.
그래야 상대방이 정확히 보입니다.
그래야 상대방과 나 사이의 거리를 확인할 수 있어요.

옛말에 적일수록 가까이 두라는 말이 있죠.
나에게 해를 입힐 것 같은 사람이라면
오랫동안 등 돌린 채로 두지 말아요.
혹시 상대가 나에게 섭섭함을 느끼고 있다는 생각이 들면
내가 손해를 보더라도 두 배로 베풀어주세요.
그리고 언제든 볼 수 있게 눈앞의 거리로 상대를 당겨오세요.
상대가 아니라 나를 위해서요.
그래야 내 마음이 편안해집니다.

지금 등을 돌리고 있는 사람이 있나요?
그렇다면 한 번쯤 돌아서서 그 사람과 마주해보세요.
등 뒤에 칼이 꽂힌 뒤엔 이미 늦습니다.

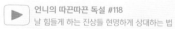

언니의 따끈따끈 독설 #118
날 힘들게 하는 진상들 현명하게 상대하는 법

친한 사람과
관계가 꼬였을 때

친자매처럼 단짝인 친구와

혹은 마음이 잘 통하는 직장 동료와

갑자기 관계가 확 꼬여버린 경험,

살면서 누구나 한두 번은 경험하게 되는 것 같아요.

저도 예외는 아니었어요.

어릴 때는 잘잘못을 따져 물으며 원망도 하고,

뒤통수를 맞은 게 억울해서 분노를 터뜨리기도 했어요.

때로는 나에게 문제가 있는 것이 아닐까 자책하기도 했고요.

그런데 그렇게 생각하니 나만 힘들고 아프더라고요.

그래서 나를 위해 다른 생각을 해보기로 했어요.

그도 나도 괜찮은 사람이었다고요.

좋은 사람과 좋은 사람이 만나 의기투합했지만

그 인연이 다음 인연으로 이어지지 않았을 뿐이라고요.

'내 인생에서 그 사람의 역할은 여기까지였구나.
함께하는 동안 참 좋았고 고마웠다.'
이렇게 생각하기로 한 거죠.
그와 어긋나게 된 사건은 예쁘게 잘 포장해서 거기에 두고
나는 그 시간으로부터 떠나오는 거예요.

그렇게 생각을 바꾸고 나니
그 사람에 대한 원망도, 나에 대한 자책도 없이
지난날의 무거운 마음들이 정리가 되더라고요.

생각해보니 관계는 역할과 배치의 문제가 아닐까 싶어요.
그 사람이 그 시기와 그 장소에 필요해서
내 인생에 배치된 거라고,
맡은 역할이 끝나면 자리가 바뀌기도 하고
빠지기도 하는 거라고,
서로 좋은 마음으로 헤어질 때도 있겠지만
섭섭한 마음으로 헤어질 때도 있는 거라고요.

관계는 '왜'가 아니라
'그냥' 일어나는 일이 대부분이에요.
'내가 너한테 얼마나 잘했는데 나한테 이럴 수 있어'

이렇게 원망하고 화내고 이유를 찾을 게 아니라,
'너와 나의 인연은 여기까지구나'
그냥 흘러가는 대로
인연의 끈을 놓는 연습이 필요한 것 같아요.

만약 최근에 소원해진 관계가 있거나
지금 누군가와 헤어지는 중이라면
왜냐고 묻지 말고 그냥 보내주세요.
그 사람과의 인연을 그 자리에 툭 내려놓고
여러분의 길을 다시 걸어가세요.
그 길에서 또 다른 좋은 인연을 만나게 될 거예요.

 언니의 따끈따끈 독설 #77
한때 친했던 사람과 관계가 꼬여버렸을 때

PART

4

내　꿈을

살　린

한　마　디

불행할 땐 책을 읽어요

누구나 살면서 무수한 불행과 실패의 순간을 마주합니다.
그중에는 삶을 놓아버리고 싶을 만큼 너무 큰 불행도 있어요.

저도 1997년 외환 위기 때 심각한 순간을 경험했어요.
결혼 7년 만에 겨우 장만한 집도 잃고,
수중에 돈 한 푼 없이 지방으로 내려가
전전긍긍하며 살아야 했어요.

그때 저는 사람이 돈 때문에 궁지에 몰리면
죽음을 생각할 수도 있다는 사실을 처음 알았어요.
'여기서 핸들을 꺾어서 중앙선을 침범하면
간단하게 죽을 수 있겠구나.'
저도 모르게 이런 생각을 하고 있더라고요.
그만큼 뼈아프게 힘들었던 시간이었어요.

그때 제가 뭘 했는지 아세요?

이 악물고 책을 읽었어요.
끊임없이 생각하고 수없이 고민하며 책을 썼어요.
그 책은 베스트셀러가 됐고,
저는 다시 강단에 설 수 있었습니다.

어떻게 이런 일이 가능했을까요?
사람은 불행한 순간에 하나의 운이 풀리기 때문이에요.
가장 최고치로 몰입할 수 있는 힘이요.

불행의 한가운데에 있을 때는
내 불행이 전부인 것 같고, 슬픔과 좌절에 쉽게 빠져요.
이 말은 곧 몰입하기 쉬운 상태라는 거예요.
그래서 가장 불행할 때 책을 읽어야 해요.

힘들 때 책 읽으라고 하면 미쳤냐는 소리를 듣겠죠.
"이 상황에 책이 눈에 들어오냐?"
아마 이렇게 반문하는 사람이 많을 거예요.
그런데 사람은 불행할 때 가장 몰입이 잘돼요.
책 한 권을 읽어도 전혀 다르게 받아들여요.

예전 같으면 다른 사람의 아픈 이야기를

미담 정도로 치부하고 대수롭지 않게 넘겼을 거예요.
그런데 내가 불행에 빠져 있을 때는 감정 이입이 되면서
마치 내가 그 사람이 된 것처럼 펑펑 눈물을 쏟아내요.
어떤 책을 읽어도 다 내 이야기 같고,
'나라면 이렇게 할 텐데'라며 아이디어가 막 샘솟아요.

불행 때문에 예민해진 내 마음이 공명하는 거예요.
이미 바닥을 쳤기 때문에
가장 순수한 마음으로 지푸라기를 잡는 거예요.
책 속에는 잡고 싶은 지푸라기가 너무 많아서
예전 같으면 상상도 못할 신선한 생각들이 떠오르는 거예요.

그다음은 어떻게 될까요?
책 속에서 평소의 나였다면 절대 발견하지 못했을
새로운 길을 만나요.
그게 너무 신나서 '내일은 무슨 책을 읽을까' 하며
열심히 책을 읽어요.
그렇게 내 인생이 불행의 공간에서
책 읽는 공간으로 장소를 옮겨요.
그러다 문득 '나 잘 살아내고 있구나' 희망을 봐요.
그렇게 서서히 불행의 시간을 빠져나오고,

책을 통해 얻은 나 자신에 대한 희망을 지렛대 삼아
다시 일어나야겠다고 다짐해요.
그렇게 순차적으로 불행의 시간을 견뎌내고 빠져나와서
결국 털어내요.

그래서 자신 있게 말할 수 있어요.
슬프고 외롭고 힘들고 울고 싶은 날에는
반드시 책을 읽으라고요.
지금 제 말이 무슨 뜻인지 이해가 안 돼도
내 인생이 불행의 수렁에 빠져 있다는 생각이 들면
책을 꺼내 읽으세요.
당신을 다시 일상으로 건져낼 동아줄이 될 거예요.

 언니의 따끈따끈 독설
최초 고백! 미경 언니가 삶을 놓아버릴 뻔했던 서른넷 가장 힘들었던 순간

"이 한마디가 나를 살렸다!"

"불행은 잠시 당신을 스쳤을 뿐이에요."

김미경 선생님은 이렇게 말한다. 불행이 나한테 주는 선물이 있을까? 모든 불행은 방향을 두 개 갖고 온다. 하나는 이것 때문에 잘못될 방향. 하나는 이것 때문에 도약할 방향.

오늘부터 나는 나의 불행했던 모든 과거와 작별하기로 다짐했다. 그리고 불행 대신 감사로 가득 채울 것이다. 그렇게 감사하다 보면 '불행이라는 녀석'이 내 마음을 다시는 흔들지 않을 것이다. 다시는 불행에 빠지지 않도록 마음 관리를 잘해야겠다.

'선실아, 불행은 말이야. 잠시 너를 스쳤을 뿐이야. 이제 날개를 달고 다시 도약할 시기야!'

그렇다. 불행은 잠시, 나를 스쳤을 뿐이다. 이제 날개를 달고 다시 도약하면 내 삶은 더욱 위대해질 것이다.

'최초 고백! 미경 언니가 삶을 놓아버릴 뻔했던 서른넷 가장 힘들었던 순간'이라는 영상이 내게 힘이 되었듯이 훗날의 나도 누군가에게 용기를 주는 사람이 되었으면 한다. 타인에게 힘을 주려면 스스로를 성장시켜야 한다. 열심히 성장해서 내년에는 많은 이들에게 감동을 주는 메신저가 되고 싶다.

— 최선실 님

마음의 온도

대학에 들어갈 때, 직장에 들어갈 때
우리 정말 열심히 공부했잖아요.
그런데 사회생활에도 공부가 필요하다는 건
잘 모르는 것 같아요.

입시나 취업 공부는 답을 열심히 외우면 높은 점수를 받아요.
하지만 사회생활은 달라요.
정해진 답도 없고 배워야 할 과목도 전혀 달라요.

나와 생각이 다른 사람, 나보다 나이가 많은 사람,
나보다 앞서 나간 사람, 나보다 많이 깨달은 사람 등
사회에서 만나게 되는 다양한 사람들에게
무엇을 어떻게 배워야 할지 누구도 가르쳐주지 않아요.

사회에서 영리하게 배우는 방법,
제가 살면서 깨달은 두 가지를 알려드릴게요.

첫째, 마음의 온도가 높아야 해요.
마음의 온도는 배움에 대한 열정을 말합니다.

'이 나이에 무슨 공부야, 아 귀찮아.'
'꼰대한테 무슨 말을 들으라는 거야, 아 짜증 나.'
이렇게 말하는 사람은 마음의 온도가 극히 낮아요.
반면 '저 사람과 만나면 재미있겠다. 아, 신난다',
'미리 공부하고 가면 더 많은 걸 배울 수 있겠지? 아, 설렌다',
이렇게 말하는 사람은 가장 높은 온도의 열정을 가지고 있는 거예요.

사회에서 잘 배우고 익히는 사람은
무언가를 본격적으로 공부하거나 새로운 사람을 만나기 전에
마음의 온도가 높아요.

내가 잘해낼 수 있을지, 얼마나 재미있을지,
두려움, 호기심, 설렘과 떨림으로 가득하지요.
그래서 마음의 온도가 높은 사람은
누가 시키지 않아도 예습을 하고 복습을 해요.

또 잘 배우고 익히는 사람은 글자로만 배우지 않아요.
눈으로 보고, 귀로 듣고, 행동을 따라 하면서

자신의 온몸을 열고 받아들여요.

스승 입장에선 하나라도 더 알려주고 싶은 제자일 거예요.

둘째, 잘 배우고 익히는 사람은 열심히 메모합니다.

빛보다 빠른 속도로 수첩을 꺼내서

한 마디라도 놓칠세라 상대방의 말을 받아 적어요.

나보다 20살 많은 스승을 만날 때

싹수 있게 보이는 방법이 뭔지 아세요?

수첩을 꺼내서 메모하는 거예요.

수첩을 꺼내고 받아 적는다는 건

그 사람을 존경한다는 뜻이에요.

따라 배우고 싶고 인정한다는 뜻이에요.

나이 많은 어른들에게 최고의 리액션은 받아 적는 거예요.

'내 말이 받아 적을 정도로 괜찮은가?'

마음이 흐뭇해지면서

받아 적는 사람에게 눈길이 갈 수밖에 없어요.

원하는 배움도 이루고

스승과의 관계까지 확실하게 다지는 방법이에요.

사회생활에서 남과 다른 배움을 얻고 싶은가요?

그렇다면 예습과 복습으로 마음의 온도를 높이세요.

그리고 수첩을 꺼내 받아 적으세요.

이 두 가지만 잘해도 배움과 스승,

두 마리 토끼를 잡을 수 있을 거예요.

 드림머니 #9
사회생활을 잘하고 싶다면 꼭 알아야 할 3가지

경쟁에서 이기는 방법

2년 전 유튜브를 막 시작했을 때
어떤 분이 자신도 아이들을 위한 영어 채널을
만들고 싶다고 하더라고요.
저는 너무 좋은 아이디어 같다며 적극 응원했어요.

1년쯤 지나 다시 만나게 됐는데,
이번엔 이런 하소연을 하는 거예요.
"요새 너도나도 다 유튜브를 하는데
지금 시작하면 너무 늦은 거 아닐까요?
이미 레드 오션이 돼서
제가 파고들어갈 틈이 없을 것 같아요."
결국 그분은 지금도 유튜브를 안 하고 있어요.

많은 사람들이 새로운 일에 도전하려고 할 때
이런 걱정을 많이 해요.
'이미 늦은 게 아닐까?'

'저곳에 내 자리가 있을까?'

안타깝지만 이 세상에 텅텅 빈 시장은 존재하지 않아요.
될 만하다 싶으면 출퇴근 시간 지하철처럼
발 디딜 틈도 없이 북적거려요.
그렇다고 지하철을 안 탈 건가요?
빈자리가 생길 때까지 기다렸다 타도 괜찮은 건가요?
아니잖아요.

일단 지하철을 타겠다고 마음먹었으면
어깨부터 밀어넣고 몸을 구겨서라도
지하철 안에 발을 디뎌야 해요.
아무리 사람이 많아도 조금씩 눈치를 보면서
나 한 명 설 자리를 만들어야 해요.

새로운 시작은 그 시장에 사람이 많든 적든
내가 하고 싶을 때가 가장 좋은 때예요.
어차피 사람이 몇 없는 곳은
안 될 곳인가 싶어서 불안해서 안 들어가요.
그럴 바엔 사람들이 몰려 있어도
잘될 곳에 들어가는 게 나아요.

제가 지금부터 영어를 배워서 60살 이후에
세계적인 동기 부여 강사가 되겠다고 했을 때
얼마나 많은 사람들이 고개를 내저었는지 몰라요.
영어 잘하는 사람이 얼마나 많은데,
세계적으로 동기 부여 강사가 얼마나 많은데,
그것도 나이 60에 도전하겠다니 그럴 만도 해요.

하지만 지금이 아니면 이번 생엔 절대 못해요.
때마침 오랜 꿈을 펼치기에 지금처럼 최적인 때가 없어요.
지난 몇 년간 매일 영어 공부를 해왔고요,
아직은 부족하지만 외국인 저자와 인터뷰도 해봤고요,
유튜브를 통해 메시지가 진짜면 언어 장벽은
아무것도 아니라는 것도 깨달았어요.

전 세계에 동기 부여 강사가 많은 게 어때서요.
김미경다운 이야기를 하는 사람은 김미경밖에 없잖아요.
중요한 건 빈자리가 있냐 없냐가 아니에요.
내가 빈자리를 만들어낼 자신이 있느냐예요.

이미 늦었다고, 내 자리는 없다고 좌절하지 말아요.
출퇴근 시간에 지하철을 타듯이

비집고 들어가 내 자리를 만들면 돼요.

지금이 새로운 시작을 하기에 가장 좋은 때입니다.

나는 가장 운이 좋은 사람이라고 믿고

내 운에 힘을 실어주세요.

  언니의 따끈따끈 독설 #54
이미 경쟁이 치열한 곳에 내 자리가 있을까?

무능과 싸워야 유능해져요

패션 공부를 위해 1년간 밀라노에 갔을 때,
저는 제가 얼마나 무능한지를 온몸으로 경험했어요.
영어로 수업을 듣는데, 하나도 귀에 안 들어오는 거예요.
생전 처음 해보는 포토샵도 얼마나 어려웠는지 몰라요.

내 옆의 젊은 친구들은 척하면 척 알아듣고 앞서 나가는데
저는 전날 숙제가 뭔지도 모르고 있더라고요.
열심히 하고 싶은데 뭘 해야 하는지조차 몰라서
멍하니 앉아 있기만 한 적도 있어요.

온종일 바보처럼 앉아만 있다가 오면요,
가슴에 불이 나서 참을 수가 없었어요.
그래서 유튜브 동영상을 보면서 하나하나 배우기 시작했어요.
그렇게 2주를 몰입해서 공부하다 보니 실력이 조금 늘더군요.
졸업할 무렵에는 선생님께 칭찬까지 받았어요.

그때 저는 매일매일 성장하는 느낌이었어요.
저의 무능함을 실감하자 어떻게든 유능해지기 위해서
백방으로 뛰어다니며 열심히 노력했거든요.

제 인생에서 가장 무능했던 때가 언제인 줄 아세요?
28년 전, 강의를 처음 시작했을 때요.
그때의 저는 하루하루 성장 속도가 KTX처럼 빨랐어요.
그 결과 이제는 제 분야에서는 유능하다고 자부할 정도가 됐죠.

그런데 이상하죠.
유능해진 순간부터
더 이상 내가 크고 있다는 생각이 안 들더라고요.
예전에는 새로운 걸 알게 되면 기쁘고
작은 칭찬에도 폴짝 뛰며 좋아했는데,
이제는 오히려 그런 감정이 어색하고 낯설어요.

그래서 생각했어요.
내가 다시 유능해지려면 무능해져야 하는 거구나.

내가 무능하다고 생각되는 곳에 있으면
미친 듯이 배우고 노력하게 돼요.

그러니까 다시 유능해지고 싶으면
내가 무능할 수밖에 없는 일을 택해서
그 안으로 들어가면 돼요.

무능과 싸워야 유능해져요.

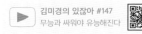
김미경의 있잖아 #147
무능과 싸워야 유능해진다

MKTV 김미경TV
"이 한마디가 나를 살렸다!"

"자신의 무능함과 싸우세요. 나는 내가 믿어야 합니다."

내가 나를 믿어주지 않으면 또 누가 나를 믿을까. 새로운 것에, 모르는 것에, 나의 찌질함에 당황하지 말고 내가 무능하다고 생각하는 것을 당장 시작하는 힘! 그래야 내가 성장한다는 그 말이 마음속에 깊이 들어왔다.

무능을 즐겨라. 유능한 척하고 가만히 있으면 무능해진다. 나는 내 속의 나와 매일 싸운다. 찌질함에 지지 않기 위해서, 무능의 터널을 지나가기 위해서 지금 내 옆에 나와 같은 처지의 동병상련 엄마들에게 말한다. 그냥 우리의 무능을 인정하자! 그리고 있잖아, 찌질해도 내가 나 좀 믿어주자고.

- 토부짱 님

내 인생의 장학생

제가 유튜브를 시작한 지도 벌써 2년이 지났어요.
구독자 수도 100만 돌파를 앞두고 있고요.
영어에 엄청 자신 없어 하던 제가
해외 유명한 저자들과 영어 인터뷰도 하게 됐지요.

그러자 이런 질문들이 쏟아졌어요.
유튜브가 뜰 줄 어떻게 알았냐고,
영어 실력은 언제 그렇게 늘었냐고,
나이 50에도 트렌디하게 사는 비결이 뭐냐고 말이에요.
질문을 받고 저도 궁금해져서 가만히 생각해봤어요.
그런데 별거 없더라고요.

저는 60살 이후 전 세계를 무대로 강의하겠다는 꿈을 위해
수년 전부터 매일 조금씩 영어 공부를 해왔어요.
그러다 우연히 강연장에서 유튜버 도티를 만나
유튜브라는 플랫폼의 가능성을 알게 된 거예요.

제가 무슨 선견지명이 있어서
유튜브의 시장성을 꿰뚫어 봤겠어요.
그 전부터 내 콘텐츠를 담기에 가장 최적인 공간을 찾고 있다가
우연한 기회에 그게 유튜브라는 걸 깨달은 거예요.
유튜브에 영상을 꾸준히 올리는 과정에서
영어로 강의하는 연습을 하기에도 최적이라는 걸 깨달은 거고요.

하나의 직업으로 롱런하는 사람들의 특징이 뭔지 아세요?
매일 꾸준히 공부하고 자기 인생을 수정했다는 거예요.
벼락치기가 통하지 않는다는 걸 누구보다 잘 아니까요.

띄엄띄엄 보면 '강사 김미경'이 '유튜버 김미경'으로
갑자기 급선회한 것처럼 보일지 몰라요.
하지만 저는 매일 꾸준히 유튜브 플랫폼을 공부하고
유튜브에 어울리는 영상을 고민하고 만들면서
'유튜버 김미경'으로 제 인생의 방향을 조금씩 수정해왔어요.

아마 몇 년 뒤에 외국에서 강의하는 제 모습을 보고
어떤 사람들은 갑자기 점프했다고 생각하겠죠.
하지만 저에겐 아주 자연스러운 흐름이에요.
이미 수년 전부터 영어 강의를 목표로 저를 단련해왔으니까요.

이 세상에 그 어떤 성취도 '갑자기'는 존재하지 않아요.
매일 조금씩 꾸준히 공부하고 노력하며 수정하는 과정을 거쳐야
비로소 내가 원하는 성공과 만날 수 있어요.

처음 시작이 어렵지, 한번 해보면 아무것도 아니에요.
일단 내가 원하는 길을 걷기 시작하면
그 길 위에서 무엇을 어떻게 해야 할지 방향이 보여요.
그걸 이정표 삼아 조금씩 노력하고 수정하면 되는 거예요.

내 꿈에 가장 성실한 사람,
내 인생의 장학생으로 살자고요.

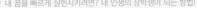

유튜브대학 위너세션
내 꿈을 빠르게 실현시키려면? 내 인생의 장학생이 되는 방법!

당신은
사업 체질이 아니에요

요즘 취업이 만만치가 않죠.
아무리 열심히 스펙을 쌓아도
취업 문 뚫기가 하늘의 별 따기보다 어려워요.

그래서 많은 청년들이 이런 생각을 하는 것 같아요.
어차피 퇴사 후 치킨집이라면
굳이 힘들게 직장에 들어갈 필요 없이,
또는 적성에 안 맞는 직장을 계속 다니느니
지금 바로 창업을 하는 게 낫다고요.

하고 싶은 일이 명확하다면
굳이 취업 안 해도 돼요.
자기 비전이 확실하다면
창업이 더 빠른 길일 수도 있어요.

그런데 창업 자금은요?

그동안 모아놓은 돈이 있나요?

혹시 부모님에게 빌릴 생각인가요?

만약 후자의 경우라면 창업은 시기상조인 것 같네요.

돈을 모아본 경험이 없으면

돈을 못 버는 게 바로 사업이거든요.

'사업 체질'인 사람은 자금을 마련하는 경로부터 달라요.

아무리 적성에 안 맞아도 꾹 참고 직장을 다녀요.

월급의 80%를 저축하며 악착같이 돈을 모아요.

목표 금액을 달성할 때까지 절대 일을 그만두지 않아요.

단순히 돈만 모으는 게 아니에요.

하기 싫은 것도 참고 해내는 능력,

나와 안 맞는 사람과 함께 일하는 능력,

갈등이 생겼을 때 문제를 해결하는 능력,

이처럼 사업가에게 필요한 다양한 역량을 모아나가는 거예요.

돈 주고도 살 수 없는 사회 경험을 쌓아가는 겁니다.

자기 힘으로 돈을 모았다는 건

남의 돈이 귀한 걸 안다는 거예요.

남의 돈이 귀한 줄 알아야
남의 돈을 벌 자격이 생깁니다.

사업하겠다고 엄마한테 돈 달라 조른다면
당신은 사업 체질이 아니에요.

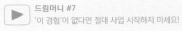 드림머니 #7
'이 경험'이 없다면 절대 사업 시작하지 마세요!

나는 '직장 체질'일까, '사업 체질'일까?
직장인이라면 누구나 떠올려본 질문일 거예요.

업무 강도는 계속 높아지는데 월급은 몇 년째 그대로이고,
앞으로 몇 년 더 일해봤자 승진도 어려울 것 같고,
어차피 적성에도 안 맞는데 때려치우고 사업이나 해볼까?
아마 많은 직장인들이 이 말에 고개를 끄덕거릴 거예요.

직장생활 몇 년 해보니까 사업해도 잘할 것 같죠?
직장생활보다 돈을 더 편하게 벌 수 있을 것 같죠?
아이디어 몇 개만 사업화해도 돈을 잘 벌 것 같죠?
그런데 현실은 안 그래요.
직장생활과 사업은 차원이 아예 다른 영역이에요.

내가 직장 체질인지 사업 체질인지 궁금한가요?

그럼 한 가지 기준만 통과하면 돼요.
'나는 이 일을 위해 내 인생을 헌신할 수 있는가?'
만약 '헌신'이라는 단어에 조금이라도 머뭇거렸다면
당신은 사업할 체질이 아닌 거예요.

저에겐 강의가 삶이고, 삶이 곧 강의예요.
하루 24시간을 내가 괜찮은 강사가 되는 데 쓰는 게
하나도 안 아까워요.
강의로 번 돈을 더 좋은 강의를 위해 쏟아부어도
그 돈이 전혀 아깝지가 않아요.
몸은 힘들고 고달픈데, 마음은 신나고 재미있어요.
내가 괜찮은 강사가 되어가는 과정이
그렇게 기분 좋고 뿌듯할 수가 없어요.

진짜 사업 체질은 일과 삶을 구분하지 않아요.
돈과 시간 모두를 쏟아부어도 아까워하지 않아요.
내 일에 헌신하는 것과 내 인생에 헌신하는 게 다르지 않아요.
일이 곧 삶이고, 삶이 곧 일이에요.

내가 강의를 대충 좋아하면 사람들도 대충 좋아하지 않겠어요?
내가 일에 미쳐 있어야 남들도 미치게 만들 수 있어요.

더 많은 사람이 내 일에 미치게 만들어야 돈을 벌 수 있고요.
헌신하지 않으면 불가능한 일들이죠.

혹시 일에 내 시간을 쓰는 게 아까웠던 적이 있나요?
하마터면 열심히 일할 뻔해서 가슴을 쓸어내린 적이 있나요?
그렇다면 제가 명확한 답을 드릴게요.
당신은 직장 체질이에요.

 드림머니 #3
나는 창업에 적합한 사람일까? 아니면 직장인이 맞을까?

나만의 콘텐츠를 만들려면

새로운 사업을 고민하고 있나요?
백전백승 아이템을 찾고 있나요?

그렇다면 반드시 공부해야 할 두 가지가 있습니다.
하나는 나에 대한 공부이고,
다른 하나는 현재에 대한 공부입니다.
둘 사이의 교차점에 돈을 벌 수 있는 비법이 숨어 있어요.

나를 알고 적을 알면 백전백승이라고 하잖아요.
인생에서 가장 중요한 공부는 나를 공부하는 겁니다.
내가 잘하는 게 무엇이고, 더 잘하려면 어떤 공부가 필요한지.
내가 부족한 게 무엇이고, 그걸 채우려면 무엇을 배워야 하는지.
나를 먼저 공부해야 무엇이든 시작할 수 있어요.

현재에 대한 공부도 게을리하면 안 돼요.
제가 각종 트렌드에 관한 책을 읽고

관련 전문가들을 인터뷰하며 깨달은 것은
현재를 모르고 사업을 하면 안 된다는 거예요.

최근 3년 사이에 돈을 버는 방식이 완전히 달라졌어요.
예를 들면 과거 귀농에 필요한 건 성실함이 전부였지만,
이제는 새로 배워야 할 게 수두룩해요.
ICT 기술을 접목한 스마트팜을 알아야 농사 효율을 높일 수 있고,
전자상거래 유통을 알아야 새로운 판로 개척이 가능하며,
SNS 마케팅을 알아야 수익 확대를 도모할 수 있어요.

현재를 공부하는 가장 좋은 방법은 책을 읽는 거예요.
요즘 대세인 플랫폼 비즈니스에 대해서도 공부하고,
내가 잘하는 분야의 요즘 트렌드도 살펴야 해요.
부지런히 모임에도 나가고 인맥도 쌓으면 좋겠지요.
그렇게 1~2년만 눈 딱 감고 공부하면
나만의 콘텐츠를 찾을 수 있을 거예요.

내가 뭘 하면 좋을지 옆 사람에게 묻지 말아요.
나를 공부하고 현재를 공부하면 가장 좋은 답이 보일 거예요.

MKTV 김미경TV

"이 한마디가 나를 살렸다!"

**"나를 포기하지 않으면 내 안의 어떤 콘텐츠도 만들 수 있습니다.
조급해하지 마세요."**

이 말을 가슴에 품고 난 오늘도 출근한다. 이 글을 쓰는 현재, 나는 대학원
졸업을 앞두고 있다! 물론 대학원을 졸업하기까지 많은 우여곡절이 있었지
만, 내 꿈을 찾아가는 현재 진행형 삶을 살고 있다. 그동안은 in-put의 삶을
살았다면 이제는 out-put의 삶을 위한 준비를 하고 있다. 그중 첫 번째가 블
로그 활동이며, 책을 내고 나의 인생 2막은 강연가의 삶을 살아갈 것이다.
내가 이러한 삶을 살기로 결심한 이유는 나와 같은 열정을 품고 이러지도 저러
지도 못하는 여성들을 위해, 그리고 그 자녀들을 위해서 인생 선배이자 언니로
서 마중물이 되고 싶어서다. 그렇게 선한 영향력을 전파하는 햇살이 되고 싶다.

– 홍미경 님

자존감 선물

유튜브를 시작하고 몇 달 되지 않아
3개국 13개 도시로 강의 투어를 떠났어요.

저로선 큰 모험이었어요.
한 달간 한국에서 돈 벌 기회를 모두 포기해야 했고,
투어에 필요한 비용도 모두 제가 부담했거든요.
한마디로 돈을 버는 강의가 아니라
돈을 쓰는 강의였던 거예요. 그것도 아주 많이.

그런데 저는 강의 투어를 통해
돈보다 더 값진 것을 얻었어요.
내 일에 대한 자존감이요.

처음 강단에 올라 청중을 바라보는데 정말 깜짝 놀랐어요.
오랫동안 나를 기다렸다는 눈빛,
우리를 위해 멀리서 와줘서 고맙다는 눈빛,

한국에서는 결코 경험하지 못했던
뜨겁고 절절한 눈빛이었어요.

수많은 도시를 돌며 다양한 교민들을 만났는데,
그중 탈북 청년과의 만남은 지금도 기억이 생생해요.
탈북자 신분으로 외국에 살면서 힘든 일이 얼마나 많았겠어요.
사는 게 힘들 때마다 제 유튜브 영상을 보면서
앞으로 살아갈 힘을 얻었다고 하더라고요.
강의가 끝난 후 그 청년을 꼭 안아주면서
저도 많은 눈물을 흘렸답니다.

강의 투어를 마치고 제가 무슨 생각을 했는지 아세요?
'내가 이 순간을 경험하기 위해
지금까지 이 일을 해온 거구나,
28년간 강사로 살아오길 참 잘했다.'
내 일에 대한 자부심이 엄청나게 커졌어요.
'내 직업이 누군가에게 힘이 되는 것이구나,
나 정말 괜찮은 사람이구나.'
내 직업이 나에게 자존감을 선물해준 거예요.

사람들이 왜 재능 기부를 하는지 아세요?

나로 인해 사람들이 행복해하는 모습을 볼 때,
나로 인해 누군가의 인생이 더 괜찮아지는 걸 볼 때,
'내가 이 일을 하길 참 잘했구나'라고 느끼게 되거든요.

내가 하는 일에서 자존감을 얻고 싶다면
과감하게 하나를 포기하면 됩니다.
돈을 포기하면 당장은 손해인 것 같지만,
돈보다 더 값진 내 일의 자존감을 얻을 수 있어요.

 언니의 따끈따끈 독설 #93
내 일을 통해 돈과 자존감을 둘 다 얻으려면?

50대는 두 번째 청춘

인생에는 그 시간에 이르러야만 알게 되는 것들이 있어요.
우리는 그걸 연륜 또는 경륜이라고 말합니다.

제가 50이 넘어서 알게 된 지혜가 하나 있어요.
50대의 모습이 20대의 모습과
매우 닮아 있다는 사실이에요.
무엇이 닮은 줄 아세요?
자유롭다는 거요.

50대가 되고 나니 20대 시절처럼 무척 자유로워졌어요.
내가 돌봐야 했던 어린아이들은 훌쩍 자라
제 할 일을 알아서 척척 해내고,
남편도 이제는 일찍 들어오라고 잔소리하지 않아요.

그리고 우리에게는
'살아낸 자격증'이 있잖아요.

굴곡진 인생의 터널을 지나오며 큰 고비들을 넘었기에
이제는 삶의 많은 문제들로부터 자유로워요.

자유를 되찾은 나에게 가장 필요한 게 뭘까요?
20대의 마음이요.
그 시절에 내가 하고 싶었던 것들이요.
여행, 어학 공부, 책 쓰기 등
그 시절에 우리 하고 싶었던 것들 참 많았잖아요.

그때는 시간이 없어서, 돈이 없어서 못했던 일들을
50대가 된 지금은 자유롭게 할 수 있어요.
50대가 청춘인 이유는
20대 때 꿨던 꿈을 다시 소환할 수 있기 때문이에요.

말로만 '50대는 청춘'이라고 우기지 말고,
20대의 나를 소환해서
진정한 50대 청춘으로 만들어봐요.

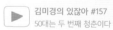 김미경의 있잖아 #157
50대는 두 번째 청춘이다

"이 한마디가 나를 살렸다!"

"We are young."

재레드 다이아몬드 교수님은 62세에 이탈리아어를 공부했는데, 이 언어로 강의도 한단다. 그러면서 본인의 인생에서 가장 빛난 시기는 70세부터 80세라고 했다. 와카미야 마사코 작가님은 최고령 앱 개발자로 호기심은 나이를 먹지 않는다고 했다. 독학한 컴퓨터로 게임 앱을 만들었다니 놀라웠다. 김형석 교수님은 100세의 나이에 여전히 강의도 하고 수영도 한다. 미경쌤은 55세에 영어로 인터뷰를 하고 미국으로 달려가 학생들에게 인상 깊은 강의를 한다.

맞다. 미경쌤의 말처럼 우린 젊다. 무언가를 시작하기에 절대 늦지 않았다. 올 한 해를 내겐 가장 강력한 주문과 같은 말인 "할 수 있다"의 동의어 "We are young"을 떠올리며 마무리한다.

– 별빛생각 님

나이 들수록
놓치지 말아야 할 세 가지

하루는 강연에서 이런 질문을 던졌어요.
"앞으로 5년 안에 무얼 하고 싶으세요?"
안타깝게도 정확하게 답하는 분들이 거의 없더라고요.

엄마들은 나 자신을 위한 선택보다는
가족 중심의 선택을 해요.
모든 선택에서 자기 자신을 뒷전으로 밀어버려요.
그래서 내가 뭘 하고 싶은지,
뭘 좋아하는지를 생각할 겨를이 없어요.

4050대 여자들이 나이 들수록 놓치지 말아야 할 세 가지가 있어요.
저는 이 세 가지 방법을 꼭 권해드리고 싶어요.

첫째, 단 하루라도 나를 위한 여행을 혼자 떠나보세요.
그 길 위에서 한 번도 만나지 못했던 나를 발견해보세요.

혼자 있는 시간에만 떠오르는 생각들이 있거든요.

'나는 이런 걸 잘할 수 있을 것 같아.'

'나는 이걸 한번 배워봐야겠다.'

이런 작은 생각들이 큰 꿈으로 이어져요.

둘째, 인턴 생활을 시작하세요. 사회 활동 인턴이요.

아이들 키우고 살림만 하다 보면 점점 사회와 멀어져서

일상의 작은 변화도 겁이 나고 두려워져요.

그런데 사회 활동을 시작하면 그 안에서 다양한 사람들을 만나고

새로운 많은 것들을 배울 수 있어요.

저는 특히 봉사 활동을 권하고 싶어요.

가치와 실력을 모두 얻을 수 있는 최고의 인턴 과정이니까요.

셋째, 밝고 건강했던 예전의 나로 돌아가보세요.

나를 예쁘게 가꾸고 활력 있던 그 시절로요.

시간은 되돌리지 못해도 몸은 되돌릴 수 있어요.

운동도 하고, 안 입던 옷도 한번 입어보세요.

몸이 달라지면 생각도 달라집니다.

물론 이 세 가지 방법이 큰 효과가 없을지도 몰라요.

아이들과 일거리를 뒤로한 채

홀쩍 여행을 떠나고 봉사 활동을 하는 것 자체가
어려운 일일 수도 있어요.
하지만 우리 조금만 용기를 내봐요.
되든 안 되든 일단 해보자고요.

나이 든 몸을 데리고 사는 것도 실력이에요.
이제 당신의 실력을 보여줄 때입니다.

 언니의 따끈따끈 독설 #73
4050대 여자들이 젊게 살기 위해 꼭 해야 할 3가지

나의 가장 좋은 시절은

제가 살아보니 여자로서 가장 좋은 시절은
50대부터 시작되는 것 같아요.
애들이 다 커서 내 손을 타지 않으니
하루 24시간이 다 내 거예요.
이제는 언제든지 하고 싶은 걸 할 수 있어요.
경제적으로도 전보다 여유가 생겼고요.

그런데 나에게 좋은 시절이 찾아온 순간,
몸 이곳저곳이 아픈 거예요.
네, 맞아요. 갱년기 증상이 하나둘씩 시작된 거예요.
저는 50대 중반에 갱년기를 정말 호되게 앓았어요.
몸이 예전 같지 않으니, 전에 없던 우울감도 느껴졌고요.

어쩌면 이렇게 타이밍이 안 맞을 수가 있는지.
시간과 경제적 여유가 생기니까 몸이 말을 듣지 않는 거예요.

침대에 누워서 물리 치료를 받다가 눈물이 왈칵 쏟아졌어요.
병원을 박차고 나와 곧장 헬스클럽에 갔어요.
그때부터 매일 운동하면서 24시간 내 몸에 대해 생각했어요.
그러자 정말 신기하게도 100일 정도 지나니까
통증 대부분이 사라졌어요.

드디어 나에게 찾아온 좋은 시절과
내 몸이 딱 맞춰지는 느낌이 들었어요.
그때 깨달았어요.
'나이 든 몸 데리고 사는 것도 실력이구나!'

50대 이후는 머리 실력이 아닌 몸 실력으로 사는 거예요.
그 실력으로 90살까지 잘 살아가는 게 진짜 실력이에요.

그러니 우리 갱년기 때문에 우울해하지 말아요.
갱년기는 나 우울하라고 오는 게 아니에요.
'앞으로 나이 들어가면서 이렇게 조금씩 아플 건데,
너 이제부터 어떻게 살래?'
내 몸이 나에게 질문하는 거예요.

우리가 할 일은 적당히 운동하고 적당히 먹으며
튼튼한 몸과 마음을 유지하는 거예요.
내 몸이 하는 질문에 최선의 답을 하면서
가장 좋은 시절에 걸맞은 나를 만들어보세요.

 언니의 따끈따끈 독설 #62
나의 가장 좋은 시절을 준비하는 법

다이어트에 필요한
세 가지 독

여자에게 다이어트는 평생의 숙제라고 하죠.
저도 안 해본 다이어트가 없어요.
탄수화물 대신 고기만 먹는 '저탄고지'부터
16시간 동안 공복을 유지하는 '간헐적 단식'까지,
요즘 유행한다는 다이어트 방법은 다 해봤답니다.

그런데 요행은 없더군요.
지금보다 덜 먹고 더 움직이면 살은 무조건 빠져요.
남들이 말하는 다이어트 방법에 혹하지 마세요.
더 먹고 싶고 덜 움직이고 싶은 나와 싸워 이기는 것만이
다이어트에 성공하는 유일한 방법이에요.

그래도 마음이 잡히지 않는다면
저만의 비결을 알려드릴게요.
다이어트에 성공하려면 세 가지 독이 필요해요.

첫째, 독종이 되어야 해요.

저는 매일 아침 1시간씩 달리기를 했어요.

아침 강의가 있어서 운동을 못 한 날에는

밤 12시라도 운동화 신고 나가 계속 뛰었어요.

매일 제가 정한 운동량과 칼로리 소비량을 무조건 채웠어요.

꼬박 100일 동안 나와의 약속을 독종처럼 지킨 거예요.

둘째, 독설을 던져야 해요.

다이어트 초반에는 '할 수 있다'는 응원이 큰 힘이 돼요.

하지만 몸에 배인 습관은 떨쳐내기가 쉽지 않죠.

며칠만 지나도 더 먹거나 덜 운동하려는 저를 발견하게 됩니다.

그럴 땐 거침없이 스스로에게 독설을 날렸어요.

정신이 번쩍 들 만큼 세게 말이에요.

셋째, 독학이 필요해요.

많은 사람들이 다이어트에 실패하는 이유는

자신에게 맞지 않는 방법을 썼기 때문이에요.

먹는 걸 좋아하는 사람에게 1일 1식은 고역이겠죠.

활동적인 사람에게 요가처럼 지루한 운동도 없을 거예요.

체형, 식습관, 운동 취향 등등

사람마다 자기에게 맞는 방법이 다를 수밖에 없어요.

나에게 맞는 방법을 찾아내려면 공부가 필요해요.
다이어트 공부 말고 내 몸에 대한 공부 말이에요.

남에게 물어보지 마세요.
나에게 맞는 다이어트 방법은 내가 제일 잘 알아요.

 언니의 따끈따끈 독설 #44
다이어트 할 때 꼭 필요한 3가지 독

내 인생의 베스트 타이밍

"아이가 어려서 원하는 일을 못 해 속상해요."

젊은 엄마들이 많은 강연에서 자주 듣는 질문입니다.
풀타임으로 본인이 진짜 원하는 일을 하고 싶은데
아직 어린아이를 맡길 데가 없어서
꿈을 포기하는 엄마들이 많아요.

설사 파트타임으로 일을 하게 되더라도
일과 아이 중 하나를 택해야 하는 상황이 되면
여지없이 아이를 선택합니다.

그러다 보니 눈에 넣어도 안 아플 내 자식이지만
가끔은 미운 마음이 울컥 솟을 때가 있어요.

'남들처럼 나도 아이 돌봐주는 사람이 있으면
정말 훨훨 날아다닐 텐데.'

이렇게 하소연하는 경우가 적지 않아요.

그런데 지금 당장은 아이를 위해서
내 꿈을 축소하고 희생한 것처럼 보이지만,
사실은 미래를 위한 저축의 시간이에요.

내 시간을 지금 눈앞의 내 아이와 나눠 쓰면요,
어렸을 때 아이를 정성들여 키우면요,
아이가 자신의 길을 스스로 잘 찾아가요.
엄마의 사랑과 시간을 먹고 자란 아이는
다 크면 엄마가 손댈 일이 잘 안 생겨요.

아이가 엄마를 찾는 시간은 정해져 있어요.
아이가 커갈수록 아이에게 넘어갔던 나의 시간이
온전히 나를 위한 시간으로 다시 되돌아와요.

그 시간을 기다리는 게 너무 어렵다는 거, 잘 알아요.
다른 사람들은 앞으로 달려 나가며 커리어를 쌓는데
나만 뒤처지는 게 아닌가 조바심도 날 거예요.

사실 저도 그랬어요.

아이 셋 키우면서 강의로 돈은 벌었지만
정작 제가 하고 싶은 일은 할 여유가 없었어요.
옷 만드는 일, 영어 공부 같은 거요.

그런데 어느 순간 그 일들을 해낼
충분한 시간이 생기더라고요.

'인생은 타이밍'이라는 말이 있죠.
당장 하고 싶은 일을 못 하게 되면
적절한 타이밍을 놓친 게 아닐까 싶겠지만,
제가 살아보니 꼭 그렇지만은 않더라고요.

쓸 수 있는 시간이 많아서
열심히 공부하고 적극적으로 도전해도
내가 원하는 결과를 얻는다는 보장은 없어요.

반대로 아이와 시간을 나눠 쓰면서
틈틈이 하고 싶은 일을 조금씩 한 것만으로도
인생을 바꿀 최고의 기회가 찾아올지도 몰라요.

그 일을 하기에 가장 적절한 베스트 타이밍은

내 뜻대로 조율할 수 있는 게 아니에요.
그러니까 지금 아이 때문에 시간이 없다고
너무 속상해할 필요 없어요.
좌절하고 포기하지도 말아요.

나를 위해 쓰지 못하는 지금 이 시간이
차곡차곡 저축되고 있다고 생각하세요.
스스로를 믿고 기다려주세요.
그 기다림의 끝에 반드시 나만의 베스트 타이밍이
자리하고 있을 거예요.

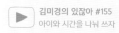
김미경의 있잖아 #155
아이와 시간을 나눠 쓰자

"이 한마디가 나를 살렸다!"

"꿈은 남는 시간에 이루는 것이 아니라 시간을 만들어서 이루는 것입니다."

이 말에 꽂혀 나의 무료한 삶을 설계하기 시작했다. 덮어두었던 3p 바인더를 꺼내 꿈 리스트를 다시 보며 나의 삶을 만들었고, 위클리 기록을 통해 나를 사랑하는 다이어리를 만들었다. 다이어리에 기록하며 육아와 가정, 나를 위한 시간 배치를 고민하고 내 꿈을 위한 시간을 만들었다. 내가 이렇게 사는 이유는 나의 존재를 잃지 않기 위해, 그리고 내가 꿈을 이뤄갔던 여정을 후에 아이와 함께 나누고 싶기 때문이다.

미경 언니가 "경력 단절이 아니라 경력 이동"이라고 한 말에도 참 공감이 간다. 현재 나는 가정으로 경력을 이동시켜 사회 속 작은 회사인 가정을 경영하고 있다. 가정을 경영하며 시간을 더 소중히 여기고, 더 큰 감사를 배웠다.

– 가정경영가 님

리더의 조건

나이 들어 살다 보면 여기저기 모임에서
리더 역할을 맡게 될 일이 자주 생겨요.
아파트 부녀회장이나 다양한 모임에서
사무총장, 조장 등을 권유받을 때가 있잖아요.

그런데 선뜻 하겠다고 나서는 경우는 많지 않은 것 같아요.
이미 경험해봤거든요.
기분 좋은 건 잠깐이고, 책임져야 할 일은 많은데,
조금만 실수해도 좋은 소리 못 듣는다는 걸요.

저는 어떤 줄 아세요?
웬만하면 해요.
리더가 되거나, 리더 뒤에서 뒷담화를 하거나,
어차피 둘 중 하나니까요.
그럼 리더가 되는 편이 훨씬 낫잖아요.

리더를 하면 좋은 점이 뭔지 아세요?
자의든 타의든 두 가지 마음이 생긴다는 거예요.

첫째, 긍휼한 마음이에요.
'내가 더 이해하고 먼저 잘해줘야겠다'는 마음이에요.

어느 조직이든 잘 어울리지 못하고
겉도는 사람들이 있기 마련이죠.
또 자기주장이 너무 강해서 습관적으로
갈등을 일으키는 사람이 있는가 하면,
사람들을 부추겨서 뒷담화를 주도하는 사람도 있어요.

모임의 일원일 때는 그냥 외면하면 돼요.
무시하거나 거리를 둬도 문제가 없어요.
하지만 리더가 되면 이건 내 문제가 돼요.
내가 먼저 다가가서 친해지려고 노력하고,
나와 다른 사람을 이해하려고 애쓰게 돼요.

그럼 어떻게 되는 줄 아세요?
품성이나 인성 같은 됨됨이가 옆으로 확장돼요.

종지 그릇만 했던 마음이 대야처럼 넓어지고,
내 가족 이외에 많은 사람들을 품을 수 있게 돼요.
마음 품이 넉넉한 리더가 되는 거예요.

둘째, 단호한 마음이에요.
'모두를 위해 내가 희생하고 앞장서겠다'는 마음이에요.

조직을 이끌다 보면 수없이 많은 의사 결정을 하게 돼요.
모두의 의견이 하나로 모이면 더없이 좋겠지만,
여러 갈래로 나뉘거나 찬반 논쟁이 뜨거울 때가 있기 마련이죠.
그럴 때 리더는 단호하게 결정하고 밀어붙여야 해요.
남들이 머뭇거릴 때 모두를 위한 정확한 판단을 하고,
모두가 주저할 때 앞장서서 끌고 나가는 단호함이 필요해요.

이 과정에서 사람들에게 미움을 받게 될 수도 있어요.
누군가는 뒤에서 험담을 늘어놓기도 하겠죠.
혹은 잘못된 판단으로 책임질 일이 생길 수도 있을 거예요.
하지만 그 모두를 끌어안는 게 진짜 단호함이에요.
아무리 큰일도 의연하게 대처하는 진짜 리더가 되는 거예요.

제가 생각하는 리더의 정의가 뭔지 아세요?

우연히 억지로 맡아서 자기도 모르게 탁월해지는 거예요.
내 안의 탁월함을 꺼내고 싶다면
리더의 두 가지 마음을 키워보세요.

 인간관계 대화법 #9
끊임없이 사람을 만나 '연결'해야 하는 이유는?

탁월한 선택을 위한 3단계

살다 보면 한 번의 결정으로 인생의 많은 것이 뒤바뀌는
중요한 선택을 해야 할 때가 있어요.
그런데 의외로 많은 사람들이 바쁘다는 이유로
생각할 시간적 여유가 없다는 이유로
큰 고민 없이 즉흥적으로 결정을 합니다.

저도 바쁘게 움직이는 일정 안에서
끊임없이 수많은 결정과 선택을 하고 있는데요,
그때마다 탁월한 선택을 위해
저만의 3단계 노하우를 적용하고 있어요.

첫째, 고민거리를 생각 주머니에 넣고
수시로 계속 떠올려요.
주머니를 계속 꺼내보고 만져보고 하다 보면
그 고민을 풀어갈 수 있는 조각들이 하나둘 나오고,
어느 순간 마치 퍼즐처럼 조각이 순식간에 맞춰지더라고요.

생각 주머니를 계속 꺼내보면요,

문제가 입체적으로 재구성되면서

내 생각의 흐름이 시각적으로 한눈에 펼쳐져요.

이제 중간쯤 왔구나,

2~3일만 더 고민하면 답이 나오겠구나,

이렇게 고민의 흐름이 구체적으로 보이는 거예요.

만약 이렇게 안 하고 대충 설렁설렁 고민하다가

시간이 임박해서 결정하잖아요?

그럼 그 고민과 내 몸이 하나가 된 적이 없기 때문에

나와 가장 거리가 먼 결정을 해요.

반드시 후회할 판단을 하게 되더라고요.

둘째, 할 일 목록(To-do list)을 만들어요.

회사에서도 중요한 프로젝트를 추진할 때 팀을 만들잖아요.

물론 팀원은 저 혼자지만

내 결정을 현실로 만들어낼 구체적인 계획과

투입해야 할 에너지와 시간을 계산해요.

그리고 그 목록에 맞춰 내 몸을 움직이는 거예요.

만약 집을 사는 게 나의 결정이라면

차를 몰고 사고 싶은 집 주위를 뱅글뱅글 돌아요.
그 장소를 자꾸 들여다보면서 계속 생각해요.
내 판단이 괜찮은지, 아니면 지금이라도 바꿔야 할지
다시 한번 확인해보는 거죠.

마지막은 뜸 들이기입니다.
몸으로 하고 나면 나머지는 시간을 두고 숙성시켜야 해요.
내가 내린 결정에 혹시 변수는 없는지, 놓친 것은 없는지
가만히 생각의 뜸을 들이면서
완벽하게 보완하는 시간을 갖는 거예요.

인생의 중요한 결정은 나와 함께해야 합니다.
당장 눈앞의 일에 몸과 마음을 빼앗겨
나에게 생각할 시간을 주지 않으면
엉뚱한 변수가 끼어들어 최악의 결정을 하게 될 수도 있어요.
나 자신과 함께 가장 탁월한 선택을 해내시길 바랍니다.

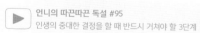 언니의 따끈따끈 독설 #95
인생의 중대한 결정을 할 때 반드시 거쳐야 할 3단계

당신의 한 단어는 무엇입니까

세상에는 성공하는 방법에 대해
셀 수 없이 많은 이야기들이 넘쳐나요.
그만큼 성공은 복잡하고 어려운 일처럼 보여요.

그런데 성공의 노하우는 의외로 간단하다고 해요.
세상의 위대한 것, 끌리는 것, 오래가는 것들은
모두 단순하고 명료한 한 단어로 설명된다고요.

마틴 루터 킹은 '평등(Equality)',
오프라 윈프리는 '마음(Heart)',
윈스턴 처칠은 '승리(Victory)',
그리고 스티브 잡스는 '영향력(Impact)',
이렇게 단 하나의 단어로
이들의 모든 인생과 성취가 설명된다는 거예요.

내가 삶에서 무엇을 추구하는지,

나에게 가치 있는 것은 무엇인지,
내 삶이 어느 방향으로 나아가길 원하는지를 담은
내 인생의 한 단어요.

나만의 핵심 가치를 담은 한 단어가 저는 '열정'인 것 같아요.
저는 사람들에게 제 열정을 나눠주기 위해 강연을 하고요,
50대 중반인 지금도 60 이후 두 번째 꿈을
열정적으로 준비하고 있어요.

혹시 원하는 성공과 멀어지고 있다는 느낌이 드나요?
그렇다면 나만의 한 단어를 찾는 일부터 시작해보세요.
그 단어가 나를 성공의 지름길로 안내해줄 거예요.

 김미경의 북드라마 #3-13
인생을 바꾸고 업그레이드하려면 꼭 만들어야 할 한 단어?!

넌 괜찮은 사람이야

제 본업은 강사지만 저는 강의 외에도
정말 여러 가지 일들을 하며 살아왔어요.
제가 스스로에게 요청한 일들이 너무 많았거든요.

미혼 엄마들을 위한 패션쇼, 책 쓰기,
월드 투어, 그리고 유튜브와 MK유튜브대학까지
전부 다 제가 스스로에게 시켜서 한 일들이에요.
아무도 저의 등을 떠밀거나 시키지 않았어요.

해보지 않은 일들을 무모하게 벌이면서
저는 한 번도 두렵지 않았을까요? 무섭지 않았을까요?
왜 아니겠어요. 새로운 일을 추진할 때마다
하루에도 몇 번씩 제 생각을 뒤엎고 취소하고 싶을 때가 많았어요.

'내가 과연 해낼 수 있을까?'
'사람들이 뒤에서 뭐라고 수군대지 않을까?'

'도대체 이 일을 무슨 배짱으로 시작한 거지?'
엄청난 후회와 걱정, 두려움이 몰려왔어요.

그런데요, 스스로 벌인 일을 마침내 해내고
집으로 돌아오면 무슨 생각이 드는 줄 아세요?

'미경아, 네가 해냈어! 너 진짜 대단한 사람이야.'

만약 다른 사람들이 요청하는 일만 했다면
지금의 제 모습은 많은 것이 달랐을 거예요.
제가 자발적으로 시작한 일들을 성취해나가면서
김미경이라는 사람이 새롭게 완성되고 있는 거죠.

지금 혹시 '내가 과연 해낼 수 있을까'라는
가짜 두려움에 시달리고 있다면
기어이 해내세요. 그리고 진짜를 만나세요.
그 진짜 안에 선물이 들어 있습니다.
'넌 괜찮은 사람이야'라는 메시지 말이에요.

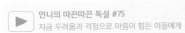

언니의 따끈따끈 독설 #75
지금 두려움과 걱정으로 마음이 힘든 이들에게

꿈을 현실로 만드는 법

여러분은 꿈이 뭐라고 생각하시나요?
저는 꿈에 대해 이렇게 정의를 내려요.
꿈은 '나를 사랑하는 마음의 꿈틀거림'이라고요.
꿈을 만드는 가장 기본적인 원동력은
내가 나를 사랑하는 마음이거든요.

내가 나를 사랑하면요,
'올해는 이런 걸 한번 해보면 좋겠다'
'내가 이런 사람이 되면 좋겠다' 하는
나를 위한 마음의 꿈틀거림이 생겨요.
전 이 꿈틀거림을 꿈이라고 불러요.

그런데 꿈틀거리기만 하고 아무것도 안 하면
그건 정말이지 '그냥 꿈'에 머물러요.
꿈은 실체가 있는 현실로 만들어야
비로소 의미가 생기는 거예요.

꿈을 현실로 만들기 위해 제가 자주 쓰는 방법이 있어요.

조금 무식한 방법 같지만 정말 유용해요.

우선 필요한 시간을 정해요.

저는 제가 영어로 강의를 할 수 있기까지

1년의 공부 시간이 필요하다고 계산했어요.

그다음엔 나의 1년 365일, 그 매일의 하루 안에

내가 바라는 꿈의 내용을 넣어요.

저는 시간을 종종 공간으로 바꿔서 보곤 해요.

하루 24시간을 24개의 블록으로 생각하는 거예요.

이 중 8개는 잠자는 일로 사라져요.

또 다른 8개의 블록은 일하는 데 쓴다고 쳐요.

그럼 이제 블록이 8개 남아요.

세끼 밥 먹고 인간관계를 유지하는 일에 최대 5개를 쓴다고 하면,

남는 블록은 3개뿐이에요. 아무리 많이 남겨도 블록 3개예요.

제가 '영어 강의'라는 멋진 성을 쌓는 데에

블록이 적어도 천 개 내외는 있어야 할 것 같지 않나요?

다시 말해 매일 블록 3개씩은 쌓아야 내가

그 성을 쌓을 수 있다는 계산이 나오는 거예요.

이때부터 저는 매일 블록 3개를 쌓으려고 애를 써요.
자기 전에도 생각합니다.
'내가 오늘 영어 공부 3시간은 했나?' 하고요.
만약에 모자라면 어떻게든 3시간을 채워요.
할 수 없이 수면 블록에서 한두 개를 빼오는 거죠.

이게 제가 꿈틀거리는 내 안의 꿈을
실체가 있는 현실로 만드는 방법이에요.

그냥 시간으로 셈하는 게 아니라
쌓아갈 수 있는 공간적 구성물로 보면
나를 설득하기가, 나를 움직이기가 훨씬 수월해요.
실체가 생생하게 느껴지니까요.
매일매일 벽돌을 쌓아가는 내가 그려지니까요.

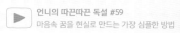

언니의 따끈따끈 독설 #59
마음속 꿈을 현실로 만드는 가장 심플한 방법

김미경과 함께
책을 만들어주신 분들

가정경영가	내사랑컬리수	밥맛
감사행	다독다독	백은경
공감대행성	도전모닝듀	별별엄지STAR FINGERs
공코	동감	별빛생각
곽min	드림	불혹쉴드
권려원	드림맘tv	붕어빵남매
권아우라	드림메이커	선영엄마작가
김노을	라나코난	설은수
김미미	러브원	수다방TV chat roomTV
김선	류혜련haeryun-ryu	실버스타_룸
김선희	류혜승	심맵시무브먼트
김영신	림지혜	쑥샘TV
김은희	마리스텔라	야쓰랑
김정원	마미오븐 MOMMY OVEN	양순
김지선	미소짱이	엄마
김화분	박성수	에이아이처럼
꿈길걷는꿈보	박소현	염성주
꿈꾸는손가락	박시연	오리궁뎅이
꿈이루다	박이음EEEUM	올라프

원향미	지민	Grace Jeon
은정 이	지연서	Hellen H.
이경애	지은선	hello may
이그레이스 리	지혜로운보라	hyo s ahn
이두부 이	참삶의 뿌리	JaYou Art
이봉선	책 읽어주는선경	Jennifer Lee
이쁘나	책연필 TV	Ju Lee
이승화	최선실	July
이유선	콩이	K Irene
이지니꿈꾸는작가	키위스무디	kim ji
이지현	토부짱	kim가영
이태홍	팜툰작가다은맘	kim꿈꾸는 이
이해인	프리위즈덤	kyunghee Lee
이희영	하미경	Laya Seo
임정현	한은혜	Mars튜브
임종윤	허심이	Min-kyoung Choi
임지연	혜경 김	PooH H
작은 꿈들의 기록	호미숙	Rechelly J
전광열	홍미경	sweet bloom TV
전라도남자의 빛나는순간 MOJ	홍미선	TV JIN
정솜결	흑곰아제	veggie maman_베지마망 Veggie TV
정숙임	agata park	YASUKO CHINDA
정은지	books and life	yomy hwani
조안나	Calimissy_	You You
주미정	Eunjung Lim	Zugang
주부바이블	gariyong Kim	ジュヨン

KI신서 9009
이 한마디가 나를 살렸다

1판 1쇄 발행 2020년 3월 11일
1판 12쇄 발행 2024년 3월 22일

지은이 김미경
펴낸이 김영곤
펴낸곳 (주)북이십일 21세기북스

디자인·일러스트 urbook **표지사진** ABF Contents Company 김유철
출판마케팅영업본부 본부장 한충희
출판영업팀 최명열 김다운 권채영 김도연
제작팀 이영민 권경민

출판등록 2000년 5월 6일 제406-2003-061호
주소 (10881) 경기도 파주시 회동길 201 (문발동)
대표전화 031-955-2100 **팩스** 031-955-2151 **이메일** book21@book21.co.kr

(주)북이십일 경계를 허무는 콘텐츠 리더

21세기북스 채널에서 도서 정보와 다양한 영상자료, 이벤트를 만나세요!

페이스북 facebook.com/jiinpill21 **포스트** post.naver.com/21c_editors
인스타그램 instagram.com/jiinpill21 **홈페이지** www.book21.com
유튜브 www.youtube.com/book21pub

서울대 가지 않아도 들을 수 있는 **명강**의! 〈서가명강〉
유튜브, 네이버, 팟캐스트에서 '**서가명강**'을 검색해보세요.